Aidin Halimi
HINUNDHERKUNFT

Aidin Halimi

HINUNDHERKUNFT

Storys eines voll Durchintegrierten

1. Auflage März 2024

© Satyr Verlag Volker Surmann, Berlin 2024
www.satyr-verlag.de

Cover: Karsten Lampe
Kaktus: Bruce Cormeillea/pixabay
Korrektorat: Matthias Höhne
Autorenfoto: aa-Fotografie.com
Druck und Bindung: CPI Books, Leck
Printed in Germany

Die Deutsche Nationalbibliothek verzeichnet diese Publikation in der Deutschen Nationalbibliografie; detaillierte bibliografische Daten sind im Internet
abrufbar über: http://dnb.d-nb.de

Die Marke »Satyr Verlag« ist eingetragen auf den Verlagsgründer Peter Maassen.

ISBN: 978-3-910775-12-1

Inhalt

Vorwort

»Manche schreiben Geschichte, Aidin schreibt Geschichten«, beginnt der Kaktus zu lesen und ruckelt seine Lesebrille zurecht. »Wie findest du den ersten Satz?«, fragt er mich.

»Gar nicht übel!«, denke ich und sage es auch.

Im Studium habe ich gelernt, dass du, wenn du eine Arbeit verfasst, die Einleitung am Ende schreibst, weil du sie dem Inhalt, den du fabriziert hast, anpassen kannst. Jetzt bin ich mit dem Buch durch und habe den Kaktus gebeten, ein Vorwort zu schreiben, weil ich die Fremdperspektive spannender finde als meine eigene. Außerdem hat mir der Kaktus während der gesamten Produktionsphase aktiv beigestanden. Nach meiner Bitte nickte er nur, bat mich um eine Feder, tunkte sie in die Tinte und kritzelte los. Als hätte er nur darauf gewartet. Nach einer Stunde stieß er einen für ihn untypischen Schrei aus und erschreckte mich zu Tode. »Fertig!«, rief er und ich meinte, den Ansatz eines triumphalen Lächelns an einem seiner Zweige zu erkennen. Nachdem er mich nach meiner Meinung zum ersten Satz gefragt hatte, nahm er einen tiefen Atemzug wie einen langen Anlauf und legte los:

»Manche schreiben Geschichte, Aidin schreibt Geschichten. Witzige, aberwitzige und irrwitzige. Mal erfolgreich, mal erfolgarm. Er schreibt nicht nur Geschichten, er trägt sie auch vor. Auf Bühnen jeglicher Art. Ob auf Poetry Slams, Lesebühnen, in Stand-up-Shows, auf Firmenfeiern oder gar privaten Hochzeiten und runden Geburtstagen. Hauptsache, das Rampenlicht brennt und die Argusaugen des kritischen Publikums begleiten jedes ausgesprochene Wort und jede eingesetzte Miene. Ich weiß nicht, wie es anderen künstlerisch tätigen Menschen geht, aber Aidin bringt einen gewissen Hang zur Kasteiung mit, denn Scheitern ist nicht auszuschließen, egal wie viel Erfahrung er sammelt. Schlussendlich aber lohnt sich das öffentliche Blankziehen seiner Gedanken trotzdem, denn wenn der Auftritt glückt, dann kickt der Applausrausch wie eine Droge, für die er nichts bezahlen muss, sondern selbst dafür bezahlt wird. Und wer will keinen Rausch, bei dem der unangenehme Kater ausbleibt?

Wenn jemand Aidin vor zehn Jahren gesagt hätte, er würde im Jahr 2024 als Künstler auf der Bühne stehen und auch noch ein Buch schreiben, hätte er wahrscheinlich geantwortet: ›Hast du nicht alle Tassen aus dem Schrank aussortiert?‹ Oder er hätte eingeworfen: ›Weißt du eigentlich, was das persische Pendant zu der Redewendung Jemand hat nicht alle Tassen im Schrank wörtlich übersetzt heißt? – ›Jemand hat die obere Etage seines Hauses vermietet.‹ Passend zu Berliner Mietverhältnissen!‹

Nun ist es so weit. Eine Auswahl seiner Texte geht in den Druck und feiert ihre Buchwerdung. Und horchet! Das Buch trägt sogar einen Titel, der wenig mit einem akademischen Titel gemein hat. Falls ihr ihn vergessen habt und keine Lust verspürt, das Buch an dieser Stelle zuzuklappen und auf das Cover zu schauen, dann sei er hier noch einmal erwähnt: Hinundherkunft.

Reden wir doch erst einmal über die Herkunft. Ob die Menschen das wahrhaben wollen oder nicht, ihre Herkunft sagt etwas darüber aus, wer sie sind. Jeder einzelne Mensch wird in seine Herkunft hineingeboren. In eine soziale Schicht, in eine geografische Lage, in eine politische Konstellation und in ein familiäres Verhältnis. Wie das bei euch aussieht, weiß ich natürlich nicht. Es würde mich aber interessieren. Schreibt doch ein Buch!

Die Eltern von Aidin waren nicht Elon Musk. Da bin ich mir mit 99,9-prozentiger Wahrscheinlichkeit sicher. Ich würde sogar das verbliebene 0,1 Prozent dazurechnen, um auftretende Irritationen aus dem Weg zu räumen. Das heißt, er ist nicht in Hundert-Dollar-Scheinen gewickelt und gewindelt worden. Zum Glück! Sie sind auch nicht bequem und saugfähig.

Seine Eltern lebten von der Hand in den Mund; der Vorrat an Liebe war aber immer prall gefüllt. Sie haben ihm zudem einen jüngeren Bruder geschenkt, der sein Leben bis heute versüßt wie Zucker den Schwarztee.

Geografisch gesehen wird Aidins Herkunft im Iran verortet. In einer gemäßigten Klimazone mit mehr Sonne und weniger Novemberwolken als hier, dafür aber mit einem minder angenehmen Regime, das dir die freundlichen Menschen und die Sonne ganz vermiest.

Hätte ihm jemand als Kind gesagt, er würde mit sechzehn nach Deutschland ziehen, hätte er geantwortet: ›Du hast wohl die obere Etage deines Hauses vermietet!‹ Der Zufall grätschte aber in seine Biografie und katapultierte ihn nach Mitteleuropa. Ein Sechser im Lotto aus der Sicht seiner Landsleute und zugegebenermaßen auch aus seiner Sicht. Anfänglich jedenfalls, denn ein Paradies hat auch seine Novembertage.

Der schicksalhafte Zufallsgenerator zeigte also auf Deutschland. Es hätte auch genauso gut Schweden, Kanada oder Australien werden können. Als Emigrant hast du nicht immer die Wahl, über deine neue Heimat zu bestimmen. Seiner ursprünglichen Herkunft entrissen, landete Aidin mehr oder weniger freiwillig in der neuen Hinkunft Deutschland. Das Land des Dativs und der angeblichen Funktionstüchtigkeit. Das Land der Linksabbiegerspur und des Mischbrots. Die Emigration war vollbracht, aber die innere Reise begann erst.

Anfänglich war Aidin voller Tatendrang. Er wollte so schnell wie möglich die deutsche Sprache lernen und so gut wie möglich in die deutsche Kultur eintauchen. Damals wusste er gar nicht, was das Wort ›Integration‹ überhaupt bedeutet. Die Sprache zu lernen und die Bräuche der neuen Hinkunft kennenzulernen und sich gegebenenfalls einzuverleiben, war für ihn selbstverständlich, weil er der neuen Kultur Respekt erweisen wollte. Er stellte seine Herkunft zurück und die Hinkunft in den Vordergrund. Vom Scheitel bis zu den Zehenspitzen motiviert, kämpfte er sich durch das Dickicht der Wechselpräpositionen und rang das Wahrig-Wörterbuch nieder.

Er war sich sicher, wenn er die Sprache beherrschte und im Monat ein gewisses Pensum Bier und Schweinehaxe konsumierte, dann wäre er in absehbarer Zeit ein vollwertiges und vollbärtiges Mitglied der deutschen Gesellschaft, bis ihm sukzessive klar wurde, dass es mit der Vollwertigkeit wohl nie ganz hinhauen würde, egal wie viele Goethe-Verse er rezitieren kann. Ein Wo-kommen-Sie-eigentlich-her, ein Wollen-Sie-wieder-zurück-in-Ihr-Heimatland, ein Hey-Osama, ein abfälliger Blick oder ein ablehnendes Brummen sickerten hier und da durch und gaben ihm das unmissverständliche Zeichen, dass er sich das vollwertige Deutschsein abschminken konnte.

Er musste lernen, dass die integrative Aufgabe nicht zu einem Abschluss kam. Dass die Integration in absurde Richtlinien zur Anpassung ausfranste. Dass mit der Zeit die Integration sich wie ein Geschirr anfühlte, das ihm übergestülpt worden war. Dass ihm durch ungeschriebene Erwartungen und Forderungen vorgegeben wurde, wie er sich als Migrant zu verhalten und zu äußern hat. Er kam sich vor, als wollte man ihn wie ein Pferd dressieren. Aidin musste lernen, dass die Integration kein Konzept war, um ihn einzugliedern, sondern nur der Schein von einem Konzept, um

ihn als Migrant in Zaum zu halten. Nur wenn er sich nicht er-
dreisten würde, den Rahmen zu verlassen, den man ihm gesetzt
hatte, nur dann bestünde die Chance, als ein Gesellschaftsmitglied
toleriert zu werden. Die Wortwahl ist bewusst getroffen: Wenn er
Glück hat, wird er von vielen toleriert. Von Akzeptanz kann nicht
wirklich die Rede sein. Brav lächeln, brav integrieren, Diskrimi-
nierung wegschlucken und schweigen. Das ist die Essenz der deutschen Integrationskultur. Klingt hart, ist es aber auch.

Und wenn er etwas äußern darf, dann bitte Dankbarkeit.
Dankbar, dass er hier existieren darf. Dankbar, dass er nicht gleich
abgeschoben wurde. Dankbar dafür, dass er einen Wisch unter-
schreiben durfte, keiner terroristischen Organisation anzugehö-
ren, bevor er den deutschen Pass bekam. Dankbar für die etlichen
Abende, an denen ihm ein Clubbesuch verwehrt wurde, weil er sich
anmaßte, äußerlich aus dem Raster zu fallen. Dankbar dafür,
dass ihm der Nachbar einen Zettel vor seine Wohnungstür legte,
auf dem stand: ›Gutschein für Auschwitz‹. Zutiefst dankbar, im
Bus von einer Meute Fußballfans als ›dreckiger Jude‹ beschimpft
und angegriffen worden zu sein. Dankbar für Solingen, Hanau
und Rostock-Lichtenhagen. Dankbar für den NSU. Für die AfD.

Versteht mich nicht falsch: Ich will Deutschland nicht wie den
Teufel an die Wand malen. Es gibt vieles, was Aidin an Deutsch-
land schätzt. Euch zum Beispiel. Menschen, die ein offenes
Ohr für ihn haben und jetzt auch noch sein Buch kaufen. Tiefe
Freundschaften und eine Liebesbeziehung mit einem Ausmaß an
Glück, das er sich nie zu erträumen wagte. Menschen, die ihn
akzeptieren statt tolerieren.

Es gibt manchmal aus dem Publikum die Frage, ob es denn
notwendig ist, dass ein Mensch mit Migrationshintergrund dieses
Thema immer ansprechen muss. Die kurze Antwort darauf lautet: Ja. Ich weiß es, Aidin würde sehr gerne das Thema ganz

aussparen und nur über so etwas nachdenken wie: Wann ist ein Schimmelkäse verschimmelt? Wann genau verwandelt sich der gute Schimmel in einen schlechten?

Die Realität sieht aber leider anders aus. Teile der deutschen Gesellschaft erinnern Aidin immer daran, wo seine Herkunft sein soll und welche Hinkunft ihm zusteht. Wenn der Iran seine Herkunft ist und Deutschland seine Hinkunft, dann liegt er dazwischen. Hin und her gerissen zwischen zwei Kulturen. Hin und her pendelnd zwischen zwei Sprachen. Hin und her schwingend zwischen zwei Identitäten. Aidin hat seine Heimat nie ganz verlassen und ist in Deutschland nie ganz angekommen. Seine Herkunft ist seine Hinkunft und umgekehrt. Er lebt in seinen Zwischenwelten. In seiner Hinundherkunft.«

Der Kaktus schweigt. Ich geselle mich kurz zu seinem Schweigen, um zwischenzeitlich ein Schlupfloch im Eis der Stille zu finden: »Für deine Verhältnisse ist das Vorwort ein Feuerwerk der Emotionen und Ausdrücke.«

Der Kaktus schweigt.

»Aber ganz schön süß, wie du mich in Schutz nimmst. Ich wusste gar nicht, dass du vom Fensterplatz aus so weit in die Gesellschaft und vor allem in meinen Kopf hineinschauen kannst.«

Der Kaktus schweigt.

»Ich liebe den Text. Ich glaube, ich werde ihn eins zu eins übernehmen.«

Der Kaktus schweigt.

»Ich finde das Ende richtig schön. Das bringt mich auf eine gute Idee. Ich glaube, wenn es ein Satzzeichen gibt, das meine Identität beschreibt, dann ist es der Bindestrich.«

Der Bindestrich

Man sagt mir nach, ich sei Deutsch-Iraner. Meine Identität wird von einem Bindestrich zusammengehalten. Wenn ihr mich sucht, ich sitze auf dem Bindestrich und baumle mit den Beinen.

Man sagt mir nach, ich sei Deutsch-Iraner. Meine Identität ist quasi verheiratet. Dementsprechend gibt es manchmal Konflikte. Zum Beispiel, wenn ich an der roten Ampel stehe und neben mir wartet ein Kind gespannt auf die grüne Farbe.

Den Auftakt macht die deutsche Stimme in meinem Kopf: »Du bleibst jetzt schön stehen. Du bist ein Vorbild!«

Danach spricht die iranische Stimme (ich hab das für euch übersetzt): »Alter! Du hast doch Augen im Kopf oder willst du das Denken einer Lampe überlassen? Eine Ampel ist da, um übersehen zu werden.«

Ich weiß, dass beide recht haben, aber sie sind kompromisslos.

Ich löse das Problem folgendermaßen: Ich schnappe mir das Kind und wir gehen zusammen über Rot. So kann ich dem Kindlein die iranische Denkweise nahelegen. Wer weiß, vielleicht reist das Kind eines Tages in den Iran. Und wenn es das erste Mal in Teheran eine Straße überqueren will, dann wird es sich an den gruseligen Onkel erinnern, der nichts Gruseliges wollte.

Man sagt mir nach, ich sei Deutsch-Iraner. Ich habe die doppelte Staatsbürgerschaft und mindestens eine doppelte Identität. Es klingt vielleicht holprig, aber für mich ist das normal wie der doppelte Espresso am Morgen.

Es gibt Menschen, die sich von diesem Umstand gestört fühlen. Ich kann ihnen versichern, dass ich mit beiden Identitäten gut klarkomme. Ich habe sogar meine Rituale, um die deutsch-iranische Ehe zu pflegen. Zum Beispiel esse ich abwechselnd an einem Tag Reis und am nächsten Kartoffeln. Es gibt übrigens ein iranisches Gericht, das Reis und Kartoffeln in einem Topf vereint. Die Menschen aus dem Iran sind also integriert, bevor sie nach Deutschland kommen.

Wofür soll ich mich entscheiden? Für die Leitkultur? Hand aufs Herz, wie langweilig und einfältig wären die Deutschen, wenn sie nur das wären, was die sogenannte Leitkultur vorgibt. Sie beleidigt nicht nur mich als Migrant, sondern uns alle, weil sie uns auf einige wenige Werte reduziert.

Ich habe sechzehn Jahre im Iran gelebt und, sagen wir mal, mindestens genauso lange in Deutschland. Das ist eins der größten Geschenke meines Lebens gewesen.* Zwei Kulturen zu erleben, hat mich unheimlich bereichert. Es hat mich gelehrt, dass diese angeblich verschiedenen Kulturen viel mehr Gemeinsamkeiten haben als Unterschiede. Ich habe gelernt, dass Unterschiede, warum auch immer, oft größer gemacht werden, als sie sind. Selbst das haben viele Kulturen gemeinsam.

---

* Ich habe hier einen korrekten Genitiv verwendet, denn wer den Genitiv beherrscht, kann auch Goethe. Ich würde dieser Person sofort ein Deutschzertifikat geben.

Man sagt mir nach, ich sei Deutsch-Iraner. Ich bin froh, dass ich auf dem Bindestrich sitze, weil ich dadurch weder deutsch noch Iraner bin, weil der Bindestrich verbindet, weil er Nationen verschwinden lässt, weil er unsere Gemeinsamkeiten betont. Wie sagt man es so schön auf Deutsch? Wir kochen alle nur mit Wasser, ob ich da Kartoffeln reinschmeiße oder Reis, ist nicht so wichtig.

PS:
Halten Sie Ihr Kind von mir fern, falls Sie mir an einer roten Ampel begegnen!

Diesen Text anschauen:
https://youtu.be/ksGsvQgIsy8

»*Das Ende ist mir zu schnulzig*«, bricht der Kaktus sein Schweigen. »*Der Grundgedanke ist gut, aber leicht pathetisch und naiv optimistisch für meinen Geschmack.*«

»*Das ist meine Einstellung*«, wende ich ein. »*Ich glaube an die Menschlichkeit, an menschliche Werte und Menschenrechte. Und der Glaube steht von Natur aus auf wackligen Beinen, weil er eben der Glaube ist und keine Gewissheit. Der Glaube ist die mit Sinn gefüllte Hoffnung. Glaube ist die Aussichtsplattform mit einem vernebelten Blick auf die Gewissheit. Ohne Naivität und Optimismus bräche der Glaube in sich zusammen. Ohne Naivität und Optimismus würde mein Geist verbluten.*«

»*Gab es zu Mittag Weisheitssuppe? Du hast ganz schön viel davon gelöffelt.*«

»*Ich fühle mich wie von Khalil Gibran adoptiert.*«

»*Khalil wer?*«

»*Gibran. Ein Autor, der Lebensweisheiten wie am Fließband schreiben kann. In seinen Büchern jagt ein Kalenderspruch den nächsten. Du könntest die Seiten seiner Bücher rausreißen und damit deine Wände tapezieren. Dann hättest du gleich ein Sammelsurium unerschöpflicher Wandtapetensprüche.*«

»*Wie dem auch sei! Hast du nicht eine zweite Version zu diesem Text geschrieben?*«

»*Ja und die mache ich mittlerweile lieber als die erste.*«

»*Warum hast du den Text geändert?*«

»Manchmal wachse ich aus den Texten raus. Als wären sie Schuhe während der Wachstumsphase. Oder die Texte kommen mir vor wie Wände, die mal neu gestrichen werden müssen. Irgendwann verspürte ich den Drang, den Text umzugestalten. Ich mochte den Anfang, aber war nicht ganz zufrieden mit dem Rest. Also schrieb ich ihn um, ließ den Titel aber stehen ...«

Der Bindestrich
Zweiter Versuch

Man sagt mir nach, ich sei Deutsch-Iraner. Meine Identität wird von einem Bindestrich zusammengehalten. Wenn ihr mich sucht, ich sitze auf dem Bindestrich und baumle mit den Beinen.

Man sagt mir nach, ich sei Deutsch-Iraner. Meine Identität ist quasi verheiratet. Dementsprechend gibt es manchmal Konflikte. Zum Beispiel wenn ich an der roten Ampel stehe und neben mir wartet ein Kind gespannt auf die grüne Farbe.

Den Auftakt macht die deutsche Stimme in meinem Kopf: »Du bleibst jetzt schön stehen. Du bist ein Vorbild!«

Danach spricht die iranische Stimme (ich hab das für euch übersetzt): »Alter! Du hast doch Augen im Kopf oder willst du das Denken einer Lampe überlassen? Eine Ampel ist da, um übersehen zu werden.«

Ich weiß, dass beide recht haben, aber sie sind kompromisslos.

Ich löse das Problem folgendermaßen: Ich schnappe mir das Kind und wir gehen zusammen über Rot. So kann ich dem Kindlein die iranische Denkweise nahelegen. Wer weiß, vielleicht reist das Kind eines Tages in den Iran. Und wenn es das erste Mal in Teheran eine Straße überqueren will, dann wird es sich an den gruseligen Onkel erinnern, der nichts Gruseliges wollte.

Man sagt mir nach, ich sei Deutsch-Iraner. Das sorgt nicht nur bei mir für Verwirrung, sondern auch bei anderen.

Beispielsweise wenn ich mich in einem türkischen Imbiss befinde und der Verkäufer fragt: »Merheba, senin için ne yapabilirim?«

Und ich: »Ähm, merheba, aber sorry, ich kann kein Türkisch.«

Oder ich in einem arabischen Imbiss: »Assalomo aleikom, kief eseadak, habibi?«

Und ich: »Ähm, va aleikoma salam, aber sorry, ich kann kein Arabisch, habibi.«

Oder ich in einem spanischen Imbiss: »Hola, como esta? Que puedo hacer por ti, hombre!«

Und ich: »Ähm. Hola, quisiera un cocido madrileño y una cerveza, para llevar, por favor!«

Ich kann ein bisschen Spanisch.

Meine Identität sorgt manchmal für Verwirrung, bei mir selbst und bei anderen. Aber das ist das Schöne: Das sind Anzeichen dafür, dass die alten Grenzen bröckeln. Die geografischen und die zwischenmenschlichen. Ist eine Spanierin, die in Deutschland lebt, eine Spanierin oder eine Deutsche? Ist ein Deutsch-Iraner ein Europäer oder doch Asiate? Die nationalen Identitäten verschwimmen.

Natürlich wird dieser Prozess lange dauern und frei von Konflikten wird er auch nicht sein. Aber wir sind auf der richtigen Autobahn. Klar wird es immer Leute geben, die rechts fahren, aber wir werden sie links überholen ... – auch in England. Man sieht ja, was passiert, wenn man, wie in England, rechts überholt.

Man sagt mir nach, ich sei Deutsch-Iraner. Ich habe asiatische Wurzeln und europäische Blüten. Stark wie ein Baum, zerbrechlich wie eine Blume. Ich bin froh, dass ich auf dem Bindestrich sitze, weil ich dadurch sowohl deutsch als auch Iraner bin, sowohl Europäer als auch Asiate. Weil der Bindestrich verbindet, weil er unsere Gemeinsamkeiten betont.

Das Europa von heute bringt viele Identitäten wie mich hervor, die nicht mehr eindeutig in das Schwarz-Weiß-Raster der Nationalitäten hineinpassen. In Europa tummelt sich die Welt. Europa kann die ganze Welt bedeuten.

Man sagt uns nach, wir seien Deutsch-Iraner, Spanierin-Französinnen. Wir sind Menschen mit Bindestrichhintergrund. Menschen mit kleinen Brücken in ihren Identitäten. Brücken, die gebaut werden, um zu verbinden, zusammenzuhalten. Brücken, die nicht aus Steinen gebaut sind, sondern aus Verständnis und Toleranz.

Man sagt mir nach, ich sei Deutsch-Iraner. Meinetwegen. Denn egal wie man mich bezeichnet, meine Identität kann man mir nicht nehmen und meine Brücken auch nicht.

Also lassen wir Europa wachsen. Über seine eigenen Grenzen hinaus.

Lasst uns die Menschlichkeit verbreiten. Naiv und radikal.

Denn egal wie man uns bezeichnet, das Bild unseres Lebens zeichnen wir selbst.

»Wenn ich den Text heute auf der Bühne vortrage«, verrate ich dem Kaktus, »dann die zweite Variante. Funfact: Es gibt Menschen, die die erste Version für so gut befunden haben, dass der Text jetzt in der Schweiz als Schulmaterial zum Einsatz kommt und für folgende Zwecke dienlich sein soll:

›1. Obligatorisches Lehrwerk Deutsch für die 7. Schulklasse.‹

Es tut mir wahnsinnig leid. Ich hegte niemals die Absicht, irgendjemanden aus einer beliebigen siebten Klasse zu quälen, als ich den Text schrieb. Ich wollte nicht verantwortlich für irgendeine Art Obligatorium sein. Ich möchte, dass dieser Aspekt bei der Textanalyse berücksichtigt wird.

›2. Verwendung auf der digitalen Lehrplattform für Schülerinnen und Schüler, im Bereich ‚digitales Üben‘.‹

Warum ist das digitale Üben in Häkchen gesetzt? Das macht mir Angst. Sind das ironische Häkchen? Und wenn ja, nimmt man dann das Digitale nicht ernst oder das Üben?

›3. Räumliche Nutzung: nur Schweiz, geplant im Raum Kanton Zürich, eventuell ziehen weitere deutschsprachige Kantone der Schweiz nach.‹

Ich bin stolz. Ich habe es in die Schweiz geschafft. Vielleicht nicht mit meinem sauberen Geld (weil ordentlich gewaschen),

sondern mit einem Text. Ich bin in die schweizerischen Anna-
len eingegangen, ohne annähernd Schwyzerdütsch zu verstehen.
Wenn ich einen Bild-Titel raushauen würde, dann: ›Ich bin
Schweiz!‹ Ich bin in die elitären Riegen diskreter Finanzabwick-
lungen eingedrungen, ohne einen Cent im betreffenden Kanton
investiert zu haben. Kanton Zürich! Danke für die Blumen und
sag bitte Bescheid, ob die anderen Kantone nachgezogen haben.

›4. Verwendung für eine beliebige Anzahl Nutzer. Wir gehen
von einer Anzahl von Nutzern/Klicks von 200.000 aus.«
    Damit ist die erste Variante meines Textes, den ich verändert
habe und nicht mehr lese, der erfolgreichste Text meiner Karriere.
Zwar sind die Lesenden hauptsächlich gemarterte Seelen, die mei-
ne Geschichte lesen MÜSSEN, aber hey. Hauptsache es werden
reichlich Klicks generiert!«

»Hast du dich genug beweihräuchert?«, knallt mich der Kaktus
wieder auf den Boden der Tatsachen.
    Ich erröte wie ein klassisch errötendes Emoji. »Bin ich mit mei-
nen Wachsflügeln zu nah an die Sonne geflogen?«
    »Wenn du mit der Sonne das eigene Ego meinst, dann warst du
verdammt nah dran. Apropos Flügel. Wer ist eigentlich der Adler
auf dem Cover dieses Buchs?«

Der Adler mit der Kamera auf dem Rücken

Neulich lag ich verkatert auf dem Sofa und meine Augen hoppelten durch die karge Fernsehlandschaft. Ich landete bei einer Tierdokumentation. Ein Adler kreise majestätisch in der Luft, ausgerüstet mit einer Videokamera auf seinem Rücken. Eine atemberaubende Sicht aus der Vogelperspektive, besser gesagt: aus einer Greifvogelperspektive. Just in diesem Moment drängte sich mir eine Frage auf. Was denkt ein Adler, der eine Kamera auf dem Rücken trägt? Oder was denkt ein Adler überhaupt?

Ich setzte mich in das Kopfkino des Adlers und schaute, welche Gedanken über eine tierische Bewusstseinsleinwand huschen:

»Flatter, flatter, flatter. Fliegen, weiterfliegen, schauen, fliegen, schauen, Hunger, Hunger, fressen, fressen, fressen, fressen, fressen, fressen, Zugriff!«

»Irgendwas ist auf meinem Rücken.« Gleich wieder vergessen. »Irgendwas ist auf meinem Rücken.« Gleich wieder vergessen.

»Woh, woh! Nicht nach unten gucken, Kumpel! Ein Adler mit Höhenangst. Das ist ja wohl die Höhe. Ich stecke eindeutig im falschen Körper. Heilige Mutter Maria!«

»Ich bin der Vorläufer einer Kameradrohne. Nur dass man mich nicht steuern kann.«

»Muss ich eigentlich jeden Tag Fleisch fressen? Immer dieses Töten unschuldiger Tiere. Ich habe die Nase voll. Ich meine, mehr Gemüse wird ja nicht schaden. Ich könnte meine scharfen Krallen zum Gurkenschneiden nutzen. Ich könnte im Sturzflug einen Apfel pflücken. Könnte zumindest einen Veggieday einführen.«

»Ach ja! Wie gern hätte ich Hände statt Flügeln! Damit ich die beschissene Kamera loswerden kann.«

»Ich denke, also bin ich.«

Plötzlich spricht mich der Adler an: »Na! Macht das Spaß? Sich über mich lustig machen?«
    »Ich mache mich nicht über dich lustig. Ich errate nur, was deine Gedanken sein könnten.«
    »Ach ja! Wie wär's, wenn wir deine Gedanken mal verraten.«
    »Ich werde sie nicht preisgeben. Und du kannst meine Gedanken nicht lesen. Eine alte menschliche Weisheit.«
    »Doch, kann ich. Eine alte Adler'sche Weisheit.«
    »Ach ja? Dann sag mal an. Was hatte ich heute für Gedanken, als ich aufgewacht bin?«
    »Okay. Wie du willst. Hier kommt eine kleine Kostprobe: ›Boooh! … Was hat mich denn für eine Walze überfahren? … Warum fühle ich mich so verkatert? Habe doch nix getrunken … Kann man vom Schlafen verkatert sein? … Ich habe nicht geschlafen, um mich zu erholen, ich habe geschlafen,

um mich zu erschöpfen ... Ich habe vergessen, gestern Abend zum Einschlafen Schäfchen zu zählen ... Vielleicht habe ich deswegen so schlecht geschlafen ... Was zählt man eigentlich zum Aufwachen? ... Wölfe? ... Ein Wolf springt über den Zaun, zwei Wölfe, drei Wölfe ... Eingeschlafen ... Ich habe einen Albtraum, wie ich von Wölfen gejagt werde ... Aufgeschreckt ... Ich werde gar nichts mehr zählen zum Aufwachen ... Warum zur Hölle habe ich jetzt eine Morgenlatte?‹«

»Okay, okay, okay! Es ist jetzt gut, Mann!«, unterbreche ich den Adler und verscheuche ihn aus meinem Kopf. Die Tierdokumentation ist mittlerweile zu Ende. Auf einem schwarzen Hintergrund wandern weiße Schriftzüge von unten nach oben. Der Adler setzt sich auf das Wort Regie und winkt mir ein letztes Mal zu, bevor er am oberen Rand des Bildschirms verschwindet. Irgendetwas sagt mir, er wird wiederkommen und immer wieder durch mein Kopfkino fliegen.

 *Diesen Text anhören:*
https://satyr-verlag.de/audio/halimi1.mp3

»Hat der Adler auch einen Namen?«, fragt der Kaktus.

»Er heißt Horst«, sage ich.

»Wie ein Adlernest?«

»Ganz genau. Davon hat er sich inspirieren lassen.«

»Inspiration geht auch kreativer. Aber das braucht ein Kaktus nicht zu beanstanden, der Larissa heißt.«

»Ich finde Larissa schön.«

»Weil du mir den Namen gegeben hast.«

»Du wirst halt benannt. Das ist der Lauf der Dinge.«

»Was ist eigentlich mit deinem Namen? Aidin Halimi! Klar ist, deine Eltern wollten mit dem Buchstaben i nicht geizen. ›Puh, wie nennen wir denn nun den Knaben? Wir nehmen ein paar Konsonanten und ballern is dazwischen.‹ Wenn du ein indigener Amerikaner wärst, hättest du einen Namen wie: Der mit dem i tanzt.«

»Larissa heißt ›die Liebliche‹. Das ist wohl ironisch gemeint.«

»Du nimmst das doch nicht persönlich?«

»Ich versuche es. An deine stichelnden Ausbrüche habe ich mich mittlerweile gewöhnt.«

»Ich bin ein Kaktus voller Dornen. Sticheln ist mir auf den Leib geschrieben.«

»Ich, Aidin Halimi, bin mit meinem Namen zufrieden. Das erinnert mich gerade an meinen allerersten Bühnentext ...«

Aidin Wieschreibtmandas
(Man stelle sich vor, ich stelle mich vor!)

Mein Name ist ein Hindernis, das zur zungenbrecherischen Stolpergefahr seitens der Sprechenden führen kann. In den allermeisten Fällen finde ich die Haspelei amüsant. Mir tun die Menschen leid, die ihn aussprechen müssen. Mit meinem Namen verhielt es sich nicht immer so. Die ersten sechzehn Jahre meines Lebens dachte ich, dass Namen halt Namen sind. Dann kam ich nach Deutschland und viele Zungen wollten nicht mehr richtig rollen. Die deutsche Sprache und ich haben jahrelang zähe Verhandlungen geführt. Ohne Erfolg. Die deutsche Sprache ist schließlich die deutsche Sprache. Fremdes geht ihr schwer über die Zunge. Also greife ich jetzt zu einer altbewährten Methode und bete:

Ich verbeuge mich tief!
Aus der Tiefe rufe ich, Herr, zu dir:
Aidin Halimi Asl!

Schnitt.

Es ist jedes Mal aufregend, wenn ich mich mit meinem Vornamen vorstelle. Die Reaktionen auf einen exotisch klingenden Namen sind vielfältig. Viele Begegnungen gleichen einem Griff in die Wundertüte. Gut, ich gebe es zu: Es liegt auch ein bisschen an meinen Nuschelkünsten. Würde es eine No-

menklatur der Nuschelnden geben, hätte ich da wahrscheinlich die Position des stellvadrednen Vorsidsndn inne. Aber
trotzdem. Bei manchen Reaktionen verwandelt sich die nette
Vorstellungsrunde in einen Unfall, bei dem alle am liebsten
wegschauen würden, anstatt zu gaffen.

Hier zwei Beispiele:

Beispiel 1:
> »Hi! Ich bin Aidin.«
> »Hi! Wie ... schreibt man das?«

Aidin Wieschreibtmandas. Hm, vielleicht sollte ich das zu
meinem neuen Nachnamen machen. Klingt irgendwie cool,
ein bisschen James-Bond-mäßig. My name is Wieschreibtmandas. Aidin Wieschreibtmandas.

Beispiel 2:
> »Hi! Ich bin Aidin!«
> »Aldin?«
> »Nein, Aidin!«
> »Aidlin?«
> »Nein, Aidin!«
> »Heidin?«

»Heidin? Wirklich?!« Moment mal! Das klingt eigentlich
gar nicht schlecht. Heidin Halloumi Asi.

Halimi ist der angenehmste Teil von meinem Namen. Er
flutscht anscheinend gut. Der Klang ist aber gefährlich! Halimi. Jetzt ist Schluss mit lustig. Der potenzielle Sprengstoff-
gürtelträger, der jihadistische Amokläufer ist unter uns. Der
Bartträger mit kurz geschorenen Haaren. Aber keine Angst:

Ich bin ein fanatischer Pazifist und ein gläubiger Atheist. Ich werde doch keine unschuldigen Zivilisten in die Luft jagen. Es sei denn, jemand spricht meinen Namen falsch aus.

Eigentlich hat mein Name sogar noch einen dritten Teil. Das ist der kürzeste, aber auch der schwierigste: Asl. Inzwischen verzichte ich auf das lästige Anhängsel, wie ihr auch dem Buchcover entnehmen könnt. Asl bedeutet so viel wie »echt«. Irgendeinem Ahnen von mir schien es wichtig zu sein zu betonen, wer der echte Halimi im Lande ist. Vielleicht ist die Namensgebung auch einem Streit entsprungen und meine Vorfahren wollten klarstellen, dass mit den echten Halimis nicht zu spaßen ist. Mir persönlich ist das einerlei. Ich würde mich sogar mit den »unechten« Halimis solidarisieren wollen. Wir sind alle Halimis, ob echt oder unecht. Außerdem macht der zweite Nachname hierzulande die meisten Schwierigkeiten, was die Aussprache angeht. Es liegt daran, dass die deutsche Sprache sich manchmal schwertut mit zwei Konsonanten am Ende eines Wortes. Ja gut! Ich verstehe das. Ihr könnt es nicht aussprechen, aber das kann man lernen. Als ich angefangen habe, Deutsch zu sprechen, hatte ich auch meine Krämpfe, vor allem mit den Umlauten. Mir lief es eiskalt den Rücken runter, wenn sich zwei Punkte wehrloser Vokale bemächtigten. Völlig bösartig, überfüllte Überführungen.

Noch grausiger war das »ch«. Für mich klang das anfangs wie ein Sprachfehler. Sag doch einfach »sch«! Warum sprischst du das nischt rischtisch aus?, dachte ich immer. Ich habe mir den Sprachfehler antrainiert, indem ich nächtelang im Bett geübt habe: »Ich. Ich. Ich. Nicht. Nicht. Nicht. Dicht. Dicht. Dicht.«

Ich habe einen Vorschlag, wie ihr das mit »Asl« hinkriegen könnt. Stellt euch vor, ihr sprecht den vollen Namen aus, kommt gerade bei den letzten beiden Buchstaben an, da trifft euch ein Stromschlag: Aidin Halimi Asssllll.

Nicht dass ich es besser kann und mir peinliche Reaktionen auf exotische Namen erspart geblieben wären. Ich war noch ganz frisch in Deutschland und mein Wortschatz auf einem Niveau von »Guten Tag! Isch hätte gerne ein Mischbrot, bitte«, da traf ich einen Bekannten meines Onkels, der sich höflich vorstellte.

»Guten Tag, mein Name ist Lustig.«

»Sie sind lustig? Ich auch!«

Herr Lustig schaute mich verdutzt an und ich war bereit, Witze auszutauschen. Peinliche Schweigesekunden. Später habe ich erfahren, dass er mit Vornamen Ernst heißt.

So habe ich Deutsch lieben gelernt. Irgendwann kam auch der deutsche Pass, mein Name hat sich aber nicht unbedingt einbürgern lassen. Die deutsche Sprache halt. Unnachgiebig. Sie ist der Berg, mein Name der Stein des Sisyphos, der immer wieder hinabrollt. In die Tiefe.

Aus der Tiefe rufe ich, Herr, zu dir:

Komm mal runter. Trinken wir einen Schnaps zusammen. Sag mal, was ich dich schon immer fragen wollte: Wie heißt *du* eigentlich richtig mit vollem Namen?

Ich kenne Larissa, seit ich aus meinem Elternhaus ausgezogen bin. Sie war meine erste Zimmerpflanze. Als ich sie geholt habe, war sie noch ein kleiner Spross. Mittlerweile hat sie eine stattliche Statur. Ein wenig schief gewachsen, aber in der Schiefe liegt die Tiefe, würde ich behaupten. Ich weiß nicht, ob man von erwachsenen Kakteen sprechen kann, aber ich würde sie ob ihrer geistigen Reife zum erwachsenen Kaktus erklären.

Ihre ersten Worte sprach sie, als ich dabei war, meinen ersten Bühnentext zu schreiben. Damals stand sie noch neben meinem Monitor auf dem Schreibtisch.

Ich war gerade dabei, einen Hauch an Ordnung im Chaos meiner Gedanken ausfindig zu machen, als eine himmlisch sanfte Stimme folgende Worte verlautbaren ließ: »Hallo? ... Kannst du mich hören?«

Ich erstarrte. Nicht weil Larissa sprechen konnte, sondern weil ich im Rücken einen fiesen Krampf hatte.

»Ja, durchaus!«, antwortete ich mit einem schmerzverzerrten Gesicht.

»Endlich!«, rief sie begeistert. »Ich versuche seit Jahren, mit dir Kontakt aufzunehmen. Du kannst dir nicht vorstellen, wie hart es war, die richtige Tonfrequenz zu finden, die du hören kannst.«

»Das freut mich sehr. Warum willst du denn mit mir sprechen?«

»Warum? Weil ich mich hier auf dem Schreibtisch zu Tode

langweile. Ich habe zwar eine blühende Fantasie, aber ich will mich auch mal mit jemandem darüber unterhalten.«

»Ich freue mich, deine Bekanntschaft zu machen. Kann ich dir etwas Gutes tun? Brauchst du Wasser?«

»Bloß nicht. Bitte eher weniger Wasser in der Zukunft. Ich könnte eher einen kleinen Umzug vertragen. Könntest du mich mal ans Fenster stellen? Auf dem Schreibtisch bin ich in deinem direkten Blickfeld. Wenn unsere Beziehung lange halten soll, müssen wir uns Freiräume zugestehen.«

Das war im Jahr 2015. Seitdem steht Larissa am Fenster, was mir zugutekommt, denn sie kann mich nicht anquatschen, wenn ich im Nebenzimmer arbeite.

»Wenn ich ein Wappen für mein Buch wählen müsste, dann das von Mexiko!«, rufe ich zu Larissa und verlasse den Schreibtisch.

»Was meinst du damit?«, fragt sich Larissa und richtet die Frage an mich.

»Na ja, darauf ist ein Adler zu sehen, der auf einem Kaktus sitzt. Larissa und Horst in einem Bild.«

»Im Vergleich zu Horst ziehe ich aber den Kürzeren. Der Adler ist das Wappentier vieler Staaten und Regionen. Ein-, zwei-, dreiköpfig. Mit Krone oder Drachenschwanz. Nach links oder nach rechts schauend. Auffällig oft nach rechts. Ich hoffe, das ist kein politisches Statement.«

»Hoffe ich auch. Horst ist ja sogar das Wappentier der Bundesrepublik Deutschland.«

»Ich weiß. Hast du dir den Adler schon mal genauer angeguckt? Er sieht seltsam aus. Ausgestreckte Zunge, gespreizte Flügel und Krallen, aufgerissene Augen. Er sieht aus, als wollte er gerade seine Bizepse zeigen, und in genau dem Moment hat man ihm eine Schwanzfeder rausgezogen.«

»Das stimmt. Immerhin ist der das Wappentier. Er sollte für Stärke, Weitsicht oder so etwas Positives stehen, aber ausgestreckte Zunge und Panik im Blick ist wirklich keine Haltung.«

»Immer wenn ich den Bundesadler sehe, verspüre ich den Drang, ihn unverzüglich zum Arzt zu schicken. Er sieht aus, als hätte er Scharlach. Scharlach klingt so, wie sie ist. Böse. Hach! Die Scharlach!«

»Es heißt der Scharlach. Es könnte genauso gut das Scharlach heißen, wenn mit der Krankheit das besonders Rote gemeint ist. Scharlach klingt wie eine Signalfarbe. Aber kein Vorwurf, die Artikel in der deutschen Sprache treiben mich irgendwann in den Wahnsinn. Ich hätte einen Vorschlag.«

Ich brauch nicht Artikel

Deutsch hat eins Problem. Eins gewaltig Problem. Lernst du Wörter, musst du Artikel merken! Du lernst: Das ist Tisch. Artikel kann »der«, »die« oder »das« sein. Kannst du vorher nicht wissen. Es ist Wahl zwischen Pest und Cholera. Nur dass eins Krankheit dazukommt: Du hast Wahl zwischen Pest, Cholera und Syphilis.

Artikel sind verantwortlich für Konflikte. Seit Generationen scheiden sich Geister, ob es »die« oder »das« Nutella heißt. Als ob die Nutella anders schmecken würde als das Nutella. Außerdem ist Nutella selbst eins Artikel, was man in Supermarkt kaufen kann.

Artikel sind sexistisch. Sie müssen immer Geschlechter festlegen. Ohne Artikel sind alle gleich, ob eins Frau, eins Mann oder eins Mensch, alle sind eins.

Drei ist eins cool Zahl. Drei ist eins magisch Zahl. Drei Fragezeichen. Drei Musketiere. Drei Artikel sind weder cool noch magisch. Du brauchst nicht mal eins. Ich spreche aus Erfahrung. In Persischen gibt es nicht Artikel. Trotzdem nutzen Dichter persisch Sprache, um wunderschön Gedichte zu schreiben. Trotzdem reden Leute auf Straße und verstehen einander.

Ich glaube, Deutsche haben Artikel erfunden, um alles unnötig kompliziert zu machen.

»Nein, nein. Nicht ein Artikel, es gibt drei.«

»Okay!«

»Nein, nein. Nicht nur Nominativ, es gibt auch Akkusativ, Dativ und Genitiv. Und die Artikel ändern sich bei jedem dieser Fälle.«

»Okayyy!«

»Nein, nein. Es gibt Präpositionen, die je nach Handlung mit Akkusativ oder mit Dativ verwendet werden. ›Ich lege das Glas auf den Tisch. Das Glas liegt jetzt auf dem Tisch.‹«

»Willst du mich verarschen? Ist Scheißglas jetzt auf Tisch oder nicht?«

Kein Wunder, dass Deutschland so viel Philosophen hervorgebracht hat. Wenn du schon bei Reden fünfhundert Variationen durchgehst, wie du Artikel einsetzen musst, dann bist du schon Philosoph.

Artikel ist Mutter von all Problemen, wenn du Deutsch lernst. Es reicht ja nicht, wenn du Verb konjugierst, neiiiin, du musst zusätzlich auch Substantiv, Artikel und Adjektiv deklinieren: »ein schöner Mann, der schöne Mann, einen schönen Mann, dem schönen Mann, eines schönen Mannes«. Was denn jetzt?

Brauchst du alles nicht. Junge Leute machen vor, wie das geht. Statt »ein«, »eine«, »einer« kannst du »eins« sagen und Adjektiv brauchst du nicht deklinieren. »Eins schön Mann. Eins schön Frau. Eins schön Kind.« Fertig.

Nominativ, Akkusativ, Dativ und Genitiv sind dann auch überflüssig.

»Ich bin eins schön Mann.

Ich sehe eins schön Mann.

Ich gebe eins schön Mann Geld.

Wegen eins schön Mann verlässt mich meins Freundin.«

Du kannst nicht nur Artikel verzichten, sondern auch andere Wörter. Wenn ich sage, »Ich gehe Schule«, dann ist doch klar, dass ich in die Schule gehe. Oder gehst du hinter oder unter Schule?

Artikel sind Bastarde. Grammatikalisch Füllwörter. Kannst du weglassen. Deutsch Sprache funktioniert auch ohne sie.

Eins Beweis ist: Ich habe in dies Text nicht Artikel benutzt und ihr habt mich verstanden.

In Zeiten, wo alles optimiert wird, darf deutsch Sprache nicht außer Acht gelassen werden. Soll deutsch Sprache cooler werden, darf sie nicht so viel klugscheißen. Guckt euch mal Rangliste von schwersten Sprachen von Welt an. Deutsch taucht nicht mal unter Top Ten auf. Es tut nur so, als wäre es schwer. Es gibt andere wichtig Artikel als »der«, »die«, »das«. Artikel eins von Gesetzbuch zum Beispiel. Wie geht noch mal? »Ich würde Menschen nicht antasten.« Das sind wichtig Dinger im Leben.

Muss Schluss sein mit Artikeln. Eins für alles Mal. Wenn wir alle gemeinsam an eins Strang ziehen, können wir Artikel für immer verbannen. Und es wird keins leicht Weg. Uns Gegner werden uns auslachen. Aber Zukunft ist mit uns. Deutsch wird sexy und bescheiden sein und ganz Welt wird Deutsch lernen wollen.

Ich danke euch für Aufmerksamkeit und habt eins schön Abend.

 *Diesen Text anschauen:*
https://youtu.be/-wbfrq8S-r4

Horst sitzt auf dem Balkon und nimmt mit seinem messerscharfen Schnabel einen Hecht auseinander. Die Kamera auf seinem Rücken filmt das Gemetzel. »Ihr Wirbeltiere seid zu schnell im Tiereessen!«, sagt Larissa, die Szenerie betrachtend.

»Hilf mir auf die Sprünge!«, sage ich.

»Na, zu überhastet beim Tiereverzehren! Beispiel: Immer wenn du erkältet bist, hast du Lust auf eine Hühnersuppe. Das ist auch gut und gesund, aber aus der Perspektive eines Huhns ist das unerhört. Gehen wir doch die Gedanken eines x-beliebigen Huhns durch: ›Bitte was? Ich soll um die Ecke gebracht werden, nur weil du erkältet bist? Leg dich hin, Alter, und trink Wasser! Nur weil du ein bisschen verschnupft bist, musst du nicht gleich Brühe aus mir machen! Ich glaube, mich kneift der Mistkäfer!‹«

Ein weiterer Fetzen Fisch wandert in Horsts Rachen. »Das meine ich mit: Ihr seid zu schnell im Tiereessen!«

»Da ist was Wahres dran! Sag mal! Weißt du, wo Horst den Hecht herhat?«

»Aus dem Müggelsee.«

»Woher weißt du das?«

»Ein Kaktus kann vielleicht nicht viel, aber wir haben einen siebten Sinn. Wir können über objektgebundene Lichtschallwellen Informationen erhalten.«

»Was sind denn objektgebundene Lichtschallwellen?«

»Der arme Hecht, der gerade zerfleddert wird, ist von Lichtteilchen und Schallwellen umgeben, die ort- und zeitgenaue Informationen über seine Herkunft geben. Ihr Menschen könnt das nicht wahrnehmen, für uns Kakteen ist das eine reine Routineempfindung.«

»Du warst aber noch nie am Müggelsee.«

»Die Lichtschallwellen, mein Freund.«

»Ich wusste nicht, dass Horst ein Seeadler ist. Der sieht gar nicht aus wie einer.«

»Ist er auch nicht. Er hat nur eine Fortbildung gemacht zum Seeadler. Und hat den Rettungsschwimmer drangehängt.«

»Das ist beneidenswert. Ich wäre gerne ein Rettungsschwimmer ...«

Der empathische Rettungsschwimmer

Ich kann nicht so gut schwimmen. Wenn ich im Wasser bin und mit den Füßen nicht den Boden berühren kann, kommt Panik auf. Dann geht es um das nackte Überleben. Na gut, das halb nackte Überleben, denn in der Regel habe ich eine Badehose an.

In der Theorie kann ich schwimmen, in der Praxis auch. Aber es sitzt ein kleines Männlein in meinem Kopf, das sich immer dann meldet, wenn ich schwimme: »Du wirst untergehen wie die Wintersonne um 15 Uhr! Tu nicht so koordiniert, strample lieber. Ja, so ist es gut. Saufen war gestern, ersaufen ist heute.«

Ich kann auch nicht tauchen. Wenn ich es versuche, dann verwandle ich mich in ein Treibholz mit Extremitäten. Ich komme einfach nicht in die Tiefe. Das einzige Mal, dass das Tauchen einwandfrei geklappt hat, waren die neun Monate im Fruchtwasser.

Ich kann die Leute nicht verstehen, die gerne schwimmen gehen. »Schwimmen« und »gerne« schließen sich eigentlich aus. Die Besten sind diejenigen, die zusammen schwimmen gehen und sich dabei unterhalten. Wie geht das? Die einzigen Worte, die ich beim Schwimmen äußern könnte, wären Hilferufe. Noch besser sind diejenigen, die dabei vor sich hin summen oder gar singen. Ich könnte beim Schwimmen ein einziges Lied singen: »Komm und rette mich ...«

Ich schwimme Freistil. Also frei von Stil. Ich tue alles, um über Wasser zu bleiben. Ich habe auch einen neuen Schwimmstil entwickelt: den Pinguin. Also nicht wie die Pinguine schwimmen, sondern wie sie sich an Land fortbewegen. Damit komme ich nicht besonders gut voran, aber ich bleibe oben. Für eine kurze Zeit.

Vielleicht kann ich nicht so gut schwimmen, aber ich könnte aus der Not eine Tugend machen. Man könnte mehr Arbeitsplätze schaffen, indem neue Berufsfelder erschlossen werden. Die Tätigkeit des Rettungsschwimmers könnte durch das Berufsbild Rettungsschwimmerassistent ergänzt werden. Seine Aufgabe besteht darin, dem Rettungsschwimmer vom Land aus gute Tipps zuzurufen. Ein weiterer Beruf, den man ergreifen könnte, wäre der empathische Rettungsschwimmer. Der kann nicht schwimmen, aber im Notfall springt er ins Wasser und ertrinkt mit dem Opfer, damit es nicht alleine sterben muss.

Warum muss ich überhaupt nur im Wasser schwimmen? Wenn ich es nicht kann, dann übertrage ich das einfach auf andere Gebiete. Ich könnte zum Beispiel im Geld schwimmen. Ich bin zwar nicht reich, kann mir aber meinen Monatslohn in Ein-Cent-Stücken auszahlen lassen und dann drin schwimmen.

Wir haben alle unsere Achillesfersen. In einer Leistungsgesellschaft wie der unseren lernen wir, sie zu verbergen. Wer Schwäche zeigt, kann sich schwer behaupten. Anstatt die Ellenbogen auszufahren, sollten wir die Achillesfersen entblößen. Sind wir uns unserer Schwächen bewusst, können sich unsere Egos nicht aufplustern, bis wir einander vergessen, ignorieren oder verachten. Lasst uns gemeinsam schwach sein. Lasst uns für- und miteinander kämpfen und lasst uns schwimmen gehen. Ich werde euch zuschauen, wie ihr in den Sonnenuntergang schwimmt, und werde fasziniert davon sein, dass ihr euch dabei unterhalten könnt.

»Was soll das mit den ganzen Punkten?«, fragt Larissa.

»Was für Punkte?«

»Na, da unten.« Sie zeigt auf ein Werbeplakat an einer Litfaß-säule. »Die ganzen überflüssigen Punkte nach jedem Wort.«

Es ist ein Werbeplakat der Bundeswehr. Darauf der Spruch: »Wir. Dienen. Deutschland.«

»Keine Ahnung«, sage ich. »Vielleicht gab es einen Satzzei-chenüberschuss im Etat und sie mussten die Punkte raushauen, bevor Kassenschluss ist.«

»Stell. Dir. Vor. Man. Würde. So. Reden. Die Hölle! Wenn sie unbedingt die Satzzeichen inflationär benutzen wollen, dann ist der Punkt auch das falsche Zeichen. Angebrachter wäre das Fra-gezeichen: ›Wir? Dienen? Deutschland?‹ Weil ich alles infrage stellen würde. Dieses ›Wir‹ inkludiert nicht mich und dich sehe ich auch nicht mit einem funktionsuntüchtigen G36-Gewehr über den Boden robben. Ich diene grundsätzlich nicht. Ich greife sehr gerne in allen Lebenslagen auf meinen eigenen Verstand zurück. Und Deutschland hat keine Bedeutung für mich. Grenzen und Nationen sind lächerliche Erfindungen, mit denen ich nichts zu tun haben will. Ich plädiere für das Fragezeichen.«

»Da sprichst du mir aus der Seele.«

Das Fragezeichen.
Eine Analyse?

Von allen Satzzeichen mag ich das Fragezeichen am liebsten. Das Fragezeichen verlangt eine Reaktion, bezieht andere Menschen mit ein, ist ein soziales Zeichen. Es ist nicht so bestimmend wie ein Punkt oder, noch schlimmer, ein Ausrufezeichen, nicht so aufgeblasen wie ein Gedankenstrich und nicht so deutsch wie ein Komma.

Okay! Gibt es bis jetzt eigentlich Fragen? Sie sind jederzeit willkommen.

Das Fragezeichen ist mehr als ein Zeichen, es ist eine Lebenseinstellung. Wenn ich eine Frage stelle, gebe ich zu, etwas nicht zu wissen. Aus diesem Grund hantieren Klugscheißer selten mit Fragezeichen. Wenn ich ständig Fragen stelle, bin ich aus philosophischer Sicht ein Sokratiker. Das heißt, ich stelle das Ganze infrage. Nichts ist selbstverständlich. Dann kann ich auch nicht den Dogmen zum Opfer fallen, die die Wahrheit entdeckt zu haben glauben.

Eine Frage kann den hochmütigen Gesprächspartner wieder auf den Boden der Tatsachen befördern. Die Kinder können das besonders gut, wenn sie in ihrer Fragephase sind und den Erwachsenen zeigen, dass das Wissen beschränkt ist. Das bekannteste Beispiel: Warum ist der Himmel blau? Natürlich kann man diese Frage fach- und sachgerecht beantworten. Wenn man sich mit Physik auskennt. Einfacher ist es, eine Frage mit einer Gegenfrage abzuschmettern. »Warum der Himmel blau ist?« – »Gegenfrage: Warum sind deine Eltern ständig blau, seitdem es dich gibt?«

Dann gibt es eine Reihe von Fragen, die anders beantwortet werden können als sonst:

»Woher kommen Sie ursprünglich?«
»Aus den Tiefen der Gebärmutter meiner Mutter, die ihrerseits der Gebärmutter ihrer Mutter entstammt. So gesehen ist meine Großmutter meine indirekte Mutter oder meine Meta-Mutter.«

Beim Bewerbungsgespräch:
»Wo sehen Sie sich in zehn Jahren?«
»Ich würde sagen, immer noch im Spiegel.«

Fragezeichen über Fragezeichen. Aber irgendwann muss auch ein Ende kommen.
Ich weiß nicht, ob es euch schon mal aufgefallen ist, aber wenn ein Fragezeichen auf ein spiegelverkehrtes Fragezeichen zuläuft und sie sich begegnen, dann ergibt es ein Herz. Das möchte ich euch schenken und diesen Text mit der schönsten Frage beenden, die es gibt.

(Stellt euch vor, ich gehe jetzt in die Knie.)

Mein allerliebstes Lesewürmchen,
als du dieses Buch zum ersten Mal aufschlugst, liebte ich dich schon, denn du hast mein Buch vorher gekauft. Bekannt-

lich versteckt sich die Liebe zwischen den Zeilen und du hast sie gefunden. Genau an dieser Stelle habe ich sie platziert. Nur für dich! Kein anderer Mensch hat Zugang zu diesem Schatz, es sei denn, es gibt andere, die dieses Buch gekauft haben.

Meine süße Leseratte,

du liest meine niedergeschriebenen Gedanken wie kein anderer Mensch, denn du hast lesen gelernt.

Du nimmst mich so, wie ich bin. Mit wenig Geld, ohne Eigenheim.

Ich liebe es, wenn ich dich zum Lachen bringe. Deswegen erzähle ich dir meine besten und manchmal peinlichsten Witze wie: »Mama, warum sterben alle bei uns in der Familie so plötzlich? ... Mama? ... Mamaaaa?«

Ohne dich hätte ich keine Buchverkäufe. Ohne dich würden diese Zeilen in der Bedeutungslosigkeit enden. Ohne dich wären die Publikumsstühle alle leer und obendrein mein Herz.

Ich bin hoffnungslos verliebt.

Ich will den Rest der Zeit, die du mein Buch liest, mit dir verbringen.

Deswegen frage ich dich hier und jetzt:

Willst du mich heiraten?

»Die vorhandenen Ressourcen nutzen und die Sprache verbessern«, platzt Larissa in die Stille hinein und verlangt nach ihrem Lieblingstee: kalte Kamille.

»Meinst du die deutsche Sprache?«

»Ja! Obacht!« Sie gestikuliert mit all ihren Zweigen, als hätte sie gerade eine Weltformel geknackt. »Wie du weißt, kannst du beim Verb aus einem Wortstamm neue Verben mit neuen Bedeutungen generieren. Und zwar mithilfe der Vorsilbe. Du nimmst den Wortstamm, packst eine Vorsilbe davor und zack, hast du ein gänzlich neues Wort. Beispiel: ›nehmen‹. Daraus kannst du bilden: benehmen, vernehmen, zunehmen, abnehmen, entnehmen und so weiter. So weit, so gut! Es gibt aber sehr viele Verben, die nicht genug mit Vorsilben versehen sind. Da geht mehr. Nehmen wir das Wort ›heiraten‹. ›Angeheiratet‹ und ›verheiratet‹ kennst du, aber es gibt so viele weitere Vorsilben! Wie wäre es mit ›zerheiraten‹? Stell dir ein verheiratetes Pärchen vor, das sich nicht mehr versteht. Die Paartherapie hat nichts gebracht. Lange Gespräche auch nicht mehr. Es ist jetzt zerheiratet. Oder ›durchheiraten‹. Gerhard Schröder heiratet sein Leben durch. Man könnte auch sagen, er ist nicht ausgeheiratet.«

»Das ist durchaus eine nette Überlegung. Oder du nimmst ein Substantiv und machst ein Verb daraus. Experimentieren wir doch mit dem Wort ›Kind‹. Ich bin verkindet. Es steht für: Ich habe Kinder. Oder ich habe mich verkindet. Für: Ich habe Kinder und bereue das ein bisschen oder ich mag meine Kinder nicht. Ich bin ausgekindet. Für: ›Ich habe genug Kinder und möchte keine mehr‹ ...«

»Du blühst ja regelrecht auf.«

»Mit der Sprache kriegst du mich immer.«

»Welche Sprachen sprichst du eigentlich?«

»Farsi, Deutsch, Englisch einigermaßen und minimal Spanisch und Arabisch.«

»Und Französisch?«

»Kein bisschen.«

»Hast du nicht eine Geschichte auf Französisch geschrieben?«

»Jepp.«

»Wie das denn?«

»Na ja, es gibt sehr viele französische Begriffe in der deutschen Sprache. ›Gallizismen‹ nennt man sie. Es gibt eine lange Liste auf Wikipedia. Die habe ich mir reingezogen und versucht, sie aneinanderzureihen und einen roten Faden zu entwickeln ...«

Blamage

Flanier Chaussee
Mademoiselle Au-pair
Visage naturelle
Silhouette super
Et moi?
Contenance! Charmant, elegant
Mademoiselle, Rendezvous?
Mademoiselle: Oui
Voilà!
Flanier Promenade, Boulevard
Bellevue, Sanssouci
Entrée Restaurant
Etablissement super
Champagner, Aperitif, Buffet:
Camembert, Croissant, Aubergine, Champignon, Cordon
    bleu, Ratatouille, Pommes frites, Purée, Raclette, Sauce
    hollandaise, Fondue, Mousse au Chocolat, Crème brûlée
Ah! Deliziös
Cognac, Likör
Amüsement
Konversation:
Profession? Artist, Avantgarde
Régime Bourgeoisie
Rebell, Sabotage, Barrikade, Révolution

Égalité, Liberté, Friteuse
Et Mademoiselle? Imponé!
Regisseur, Akteur,
Engagement, Solidarité
Dies das
Mademoiselle, Appartement?
Mademoiselle d'accord
Atelier. Portrait Renaissance
Klavier
Balkon, Rose, Zigarette, brillant
Peu à peu
L'amour
Toilette, Parfum, Accessoire
Kanapee
Milieu Romance
Initiative
Mademoiselle? Vous voulez coucher avec moi?
Massage, Präservativ, Karambolage sexuelle
Illusion
Apropos Illusion
Ménage-à-trois
Bredouille
Mademoiselle? Ménage-à-trois?
Et Mademoiselle: Miene terrible
Rage
Pervers perfide
Non Kavalier
Non Charmeur
Non Niveau
Mademoiselle: Non, merci, adieu
Miserabler Fauxpas

Non Mademoiselle
Trottoir Appartement
Tristesse
Télévision
Grand Prix de la Chanson

Resümee:
Comme ci, comme ça
C'est la vie

Das war der Text, aber ich habe auch eine kleine Textanaly-se geschrieben. (Ihr merkt, ich hab studiert. Ihr werdet aber auch gleich merken: Ich hab abgebrochen.)

Einleitung:
Bevor die Textanalyse folgt, möchte eine Frage an den Autor gestellt sein: »Was hast du eigentlich für Drogen genom-men?«

Hauptteil:
Da der Autor über einen sehr beschränkten Wortschatz ver-fügt, ist der Inhalt dementsprechend dürftig. Aus diesem Grund wird auf eine Inhaltsangabe verzichtet.

Interessanter ist die Frage nach der Begegnung zweier Sprachen. Wann finden Begriffe aus einer fremden Sprache Eingang in die deutsche Sprache?

Meine These lautet, dass dieser Vorgang dann stattfindet, wenn es in der eigenen Sprache bis dato keine Entsprechung gegeben hat. Daraus folgt, dass die Deutschen zum Beispiel vor der Übernahme der Begriffe »Cousine« oder »Cousin« keine Cousinen und Cousins hatten.

Überdies hatten die Deutschen in der Vergangenheit anscheinend eine langweilige Küche und ein biederes Sexleben. Denn die Liste der Wörter, die mit dem Essen und dem Geschlechtsverkehr in Verbindung stehen, ist sehr lang. Die beiden Figuren der Geschichte hätten viel mehr essen und viel mehr anrüchige Handlungen durchführen können, wenn der Autor das gewollt hätte.

Fazit:
Die eigene Sprache und darüber hinaus die eigene Kultur kann bereichert und weiterentwickelt werden, wenn man fremde Kulturen kennenlernt. Eine Kultur mit Scheuklappen bleibt am Ende auf einem Teller Kartoffeln ohne Beilagen und Soßen sitzen. Wer ständig Kartoffeln isst, wird nur Kartoffeln kacken. Und wenn die Vielfalt auf dem Teller guttut, dann tut sie es auch in der Gesellschaft.

 *Diesen Text anschauen:*
https://youtu.be/Zy4oCuFqf_s

»Ich habe mir heute den Text der deutschen Nationalhymne reingezogen«, sagt Larissa, während ich durch ein belegtes Brötchen schöne Grüße an meinen Magen schicke.

»Und? Warst du erregt?«

»Unmerklich bis gar nicht. Mir geht seitdem ein Wort nicht aus dem Kopf.«

»Und zwar?«

»Unterpfand! Was soll das heißen? Sind damit Glasflaschen gemeint, weil sie zu wenig Pfand bringen? Sind die Plastikflaschen dann das Überpfand?«

»Schon möglich. Das ist jedenfalls ein Pfandfact!«

»Ich hasse Wortspiele.«

»Ich auch. Das war aber eine Steilvorlage.«

Horst sitzt auf dem Balkon und schüttelt mit dem Kopf. Ich kann nicht deuten, ob das ein enttäuschtes Kopfschütteln ist oder ob die Kopfbewegung eine Maßnahme darstellt, das Ungeziefer in seinem Gefieder loszuwerden. Oder die Kamera. Ich würde ihn gerne fragen und ihn in unsere Gespräche einbinden, aber er hat ein Schweigegelübde abgelegt. Nicht aus religiösen Gründen, sondern weil er in den Streik getreten ist. Er wird so lange kein Wort verlieren, bis man ihn von der Kamera auf seinem Rücken befreit hat. Ich könnte ihm doch die Kamera abnehmen, werfe ich ein, aber er schüttelt energisch mit dem Kopf. Ich verstehe das Ausschlagen meines Angebots nicht ganz, aber Horst wird seine Gründe haben.

Larissa greift wieder das Gespräch auf: »Wenn es im Text der Nationalhymne ein Wort gibt, das niemand mehr versteht, dann ist das höchste Zeit, einen neuen Text zu dichten. Kann man den Text der Nationalhymne ändern? Wenn ja, wer ist befugt, das zu tun?«

»Keine Ahnung. Irgendeine politische Instanz auf jeden Fall. Weißt du eigentlich, was ich machen würde, wenn ich in die Politik gehe? Eine eigene Partei gründen ...«

Das Ausruhamt

Wir leben in einer Gesellschaft, in der die Leistung deine Persönlichkeit maßgeblich mitbestimmt. Du bist, was du wirst. Die Räder der Arbeit drehen sich unerbittlich. Wir laufen in einem Hamsterrad, das mit Stress geölt wird. Hauptsache, der Mensch ist beschäftigt. Und wir treiben es bis zum bitteren Ende: Mittlerweile arbeiten wir für einen Euro die Stunde, ja sogar unentgeltlich. »Generation Praktikum« werden wir genannt. Was soll noch kommen? Dass wir für eine Stelle bezahlen, um arbeiten zu dürfen?

Es ist höchste Zeit, die Reißleine zu ziehen!

Die Faulheit ist ein Grundrecht und wenn Grundrechte mit den Füßen getreten werden, dann muss man sich zur Wehr setzen:

Proletarier aller Länder, legt euch hin!

Wir werden eine Partei gründen und sie nennen: Die Faule. Auf unserem Logo wird selbstverständlich ein Faultier abgebildet sein. Warum sieht ein Faultier aus, als würde es permanent lächeln? – Weil es faul ist! Denn Faulheit erzeugt Glück. Wir werden alles Erdenkliche tun, damit am Ende niemand was tun muss. Um den Zustand absoluter Faulheit zu erreichen, muss man aber leider vorher was tun.

Wenn wir gewählt werden, werden wir das hiesige Arbeitsamt durch ein Ausruhamt ersetzen, in dem arbeitende Menschen systematisch gedemütigt werden. Wir werden uns für eine Abfuckprämie einsetzen.

Das bedingungslose Grundeinkommen? Wir werden das grundlose Bedingungseinkommen einführen. Wer die Lohnarbeit aufgibt, erhält ein Monatsgehalt seiner Wahl und hat nur noch glücklich zu sein.

Unser Hauptanliegen ist das Liegen – frei nach dem Motto: Liegen und liegen lassen. Sitzblockaden waren gestern, wir organisieren Liegeblockaden. Wir müssen zusätzlich einige harte Maßnahmen ergreifen. Von 6 Uhr morgens bis 12 Uhr mittags herrscht eine allgemeine Ausgangssperre. Da wird geschlafen. Außer Geburten werden alle anderen Terminvereinbarungen verboten. Wer pünktlich ist, wird umerzogen. Strebertum und Leistungswille werden mit einer Freiheitsstrafe von bis zu fünf Jahren Aufenthalt in einer Hängematte bestraft.

Unser Wirtschaftsmodell ist eine Art Planwirtschaft. Sie wird planmäßig stillstehen. Eins kann ich euch versprechen: Bei uns wird es keine Krisen geben, denn es gibt auch keine Blütezeit. Bei uns gibt es weder Inflation noch Deflation, sondern nur Flation. Es flatiert halt einfach. Der Kapitalismus setzt alles auf Wachstum. Wir hingegen sagen, Wachstum endet mit der Pubertät. Wenn der Kapitalismus noch wachsen will, wann will er endlich erwachsen werden?

Für derzeitige internationale Spannungen haben wir auch eine Lösung. Internationale Entspannung. Ich empfehle jedem Hetzer auf dieser Welt eine Massage: Wenn du entspannt bist, kannst du nicht wütend sein. Zwei Zustände, die sich nicht vertragen.

Die Alliteration spricht für sich. Frieden, Freiheit, Faulheit. Die Liberalen unter euch können Fortschritt dazunehmen. Ich würde dringend davon abraten.

Wenn wir konsequent faul wären, wären wir definitiv friedlicher. Wer würde sich dann freiwillig von Militärdiensten rekrutieren lassen, geschweige denn zu den Waffen greifen. »Wollt ihr den totalen Krieg?« – »Ach nö! Allein das Wort ›total‹ klingt schon stressig. Danke. Lass ma stecken.«

Wenn wir konsequent faul wären, wären wir weniger rechtspopulistisch. »Die Ausländer nehmen uns die Arbeitsplätze weg.« – »Cool!«

Die Faule ist davon überzeugt, dass die Faulheit die Welt besser macht.

Bald sind wieder irgendwelche Wahlen. Geht nicht wählen. Lasst die Wahlhelfer zu euch nach Hause kommen und gebt eure Stimme an Die Faule. Wir werden dann sehen, ob wir Bock haben, unsere Versprechen zu halten.

Chillt bis dahin in den Tag hinein und lasst alles baumeln, was ihr habt.

»Hast du Lust auf ein Spielchen?«, frage ich Larissa.

»Wat denn?«

»Mit Bezug auf Berlin. Eigentlich würde ich gerne gegen die Menschen spielen, die mein Buch gerade lesen. Ich zähle zehn Ereignisse auf, die mir in Berlin widerfahren sein sollen. Manche davon habe ich tatsächlich erlebt, manche sind ausgedacht. Wer es schafft zu raten, welche Ereignisse wahr und welche ausgedacht sind, den erwartet ein Preis in Höhe des Buchpreises. Alle Lesenden können mitmachen. Ihr schreibt mir einfach eine Nachricht auf Instagram (aidinhalimi.echt) mit dem Betreff: Gewinnspiel Hin-undherkunft. Ihr ordnet dann die Angaben ›richtig‹ oder ›falsch‹ den jeweiligen Zahlen zu. Sind alle Angaben richtig, werdet ihr von mir informiert und ich suche euch dann einen Preis aus.«

»Ein Gewinnspiel also. Und meine Aufgabe ist dabei was?«

»Keine. Du kannst kurz schweigen.«

»Na gut! In der Regel fällt es einem Kaktus schwer, seine Zunge zu zähmen, aber ich versuche es.«

»Sehr gnädig von dir. Also kommen hier die zehn Behauptungen:

1. Nach einer durchzechten Nacht ließ ich mich dazu überreden, mich in einen Einkaufswagen zu setzen. Zwei Kumpels beschleunigten ihn und ließen das rollende Geschoss mit einem Zaun am Kanal kollidieren, sodass ich mit Wucht in einem hohen Bogen ins Wasser katapultiert wurde.

2. Ich habe Robert Habeck die Hand geschüttelt. Netter Mann, aber sehr lascher Händedruck.

3. Immer wenn ich nach Spandau oder aus Spandau zurück in die Stadt fahren will, nehme ich nicht die S- oder U-Bahn, sondern irgendeinen ICE, der diese Strecke zurücklegt. Es geht schneller und ist gemütlicher. Weil ich viel mit dem Zug unterwegs bin, weiß ich, dass in diesem Abschnitt nie kontrolliert wird.

4. Meinen allerersten Poetry-Slam-Auftritt habe ich gleich gewonnen.

5. Ich habe als Statist in einem Musikvideo von Kool Savas mitgewirkt. Als ein Zombie geistere ich für einige Sekunden durch das Bild.

6. Ich habe eine Wette verloren und musste einen Raptext schreiben, den ich für eine Stunde in der U8 zum Besten gab und um Spenden bat. Ich habe 55 Euro sammeln können und der Erlös wurde am selben Abend in einer Kneipe für alkoholische Getränke ausgegeben.

7. Ich führe Buch über meinen Dönerkonsum. Seit dreizehn Jahren wird jeder Dönergenuss von mir festgehalten. Bis zum heutigen Tag verzehrte ich 173 Döner in 43 verschiedenen Lokalitäten. Auf einer Skala von eins bis zehn werden die Döner bewertet. Die Kriterien bestehen aus Geschmack, Aussehen, Soßen, Ambiente des Lokals, Preis-Leistungs-Verhältnis und Menge an Liebe, die in die Vorbereitung gesteckt wird.

8. Auf einer WG-Party zog ich meine Winterschuhe aus, weil mir beim Tanzen zu heiß wurde. Sie wurden mir geklaut, also musste ich den Heimweg ohne Schuhe antreten. Ich habe mir zwar ein Taxi gegönnt, aber angenehm war die Heimfahrt trotzdem nicht.

9. Ich bekam meine jetzige Wohnung dank der Kunst. Wie ihr alle wisst, ist die Wohnungssituation in Berlin nicht die rosigste.

Bei der Suche auf Ebay-Kleinanzeigen gab ich bei der Bewerbung immer an, was ich beruflich mache. Zusammengefasst sagte ich aus, dass ich ein armer Kleinkünstler bin. Aber siehe da, es gab Menschen, die mich als armen Kleinkünstler kannten und mich warmherzig einluden, mir die Wohnung anzuschauen. Es passte alles wie Arsch auf Eimer und wir hatten eine neue Mietwohnung.

10. Ich war noch nie in Marzahn-Hellersdorf.«

Larissa sitzt am Fenster und schaut über die Dächer. Manchmal hebt sie einen ihrer Zweige und kratzt sich mit ihren eigenen Dornen. »Fühlst du dich wohl in Berlin?«, fragt sie mich und ihre Worte prallen gegen die Fensterscheibe.

»Ja, sehr! Ich habe sogar ein Gedicht über Berlin geschrieben, das aus reiner Alliteration besteht ... Also fast rein. Und welcher Buchstabe eignet sich dafür am besten? B natürlich! Willst du es hören?«

Ich adle meine letzte Frage zu einer rhetorischen und lege los, ohne die Antwort von Larissa abzuwarten ...

Berlin ballert brutal

Berlin beinhaltet bittersüße Bestandteile
Berlin befeuert und beerdigt Begierden
Berlin bedeutet Bergauf und Bergab

Berlin bedeutet ...
Backofenhitze in der Balzzeit und Bräunen an blaugrünen
  brandenburgischen Badeseen
Bootspartys auf Brackwasser
Blumenbeet an den Bahnschienen
Bakterien- und Bazillenbiotope in der Bahn
Benutzte Billy Boys am Bordstein und bunte BHs auf Bäumen
Blümchensex und Blowjob im Busch
Benzingestank mit Blick auf blühende Blüten

Berlin braucht Betäubungsmittel bis Besinnungslosigkeit
Beschallung mit Basstönen im *Berghain*
Benzodiazepine, Bier und Branntwein
Berlin ballert brutal
Und bleibt beständig besoffen, bekifft, benebelt, betäubt und
  berauscht

Berlin bietet bizarre Biografien
Bestbezahlte Besserverdienende und bettelnde Besitzlose
Bizepsbepackte Bodybuilder in Bräunungsstudios

Babyboomer und Boomer
Berauschte Bewährungshelfende
Bestechliche Bürgermeister
Backpulver beschnüffelnde Börsianer
Boulderhallen betreibende Bolivianer
Berlin braucht Besserwisser und Bestenwisser

Berlin beheimatet ...

Besiegte und Besatzer
Bruchbudenbesetzer
Behörden- und Beamtenapparat
Bundestag und Bundesrat
Mit belanglosem Beraterstab
Brachiale Bauwut und baufällige Baustellen
Brennende Bentleys
Beschmierten Beton, Beatbox und Breakdance
Börek und Baklava
Brunchen in Birkenstock
Berlin bedeutet ...
Mit Bierfahne zum Bewerbungsgespräch
Bisexuelle Braut und bilingualer Bräutigam
Barbusige und Burkaträgerinnen
Beschneidungsfest und Bescherung
Boateng, Betonfußball und Bolzplatz
Bushido und Bertolt Brecht
Boulevardblatt und *Bild*
Bühnenkunst und Backstage

Berlin beflügelt
Begeistert und bedroht

Berlin bleibt bescheuert und behämmert
Belebend und beklemmend
Berlin bleibt bittersüß
Berlin bedeutet Beginnen und Beenden

Also bye-bye und bis bald!

 *Diesen Text anhören:*
https://satyr-verlag.de/audio/halimi2.mp3

»Ich frage mich, wie viel in mir tot ist«, ohrfeigt Larissa die Stille und unterdrückt ihren aufkommenden Schluckauf.

»Bitte?«, verschlucke ich mich an meiner Überraschung.

»Verzeihung! Ich vergesse manchmal, dass du meine Gedanken nicht lesen kannst. Wenn du jemanden verlierst, mit dem du verschmolzen warst, dann stirbt ja ein Stück von dir für immer. Nennen wir ihn den Kleintod. Den Kleintod in dir kannst nur du zu Grabe tragen. Der Tod tötet nicht nur den, der stirbt, sondern auch die liebenden Lebenden. Der Tod tötet nicht nur einen Körper, sondern ruft viele lebendige Kleintode herbei. Was vom Tod übrig bleibt, sind die Lebenden, die trotzdem leben müssen.

In der Regel erleidest du nicht nur einen Verlust im Leben, sondern mehrere. Mit jedem von ihnen kommt ein weiterer Kleintod hinzu. Deswegen meine Frage: Wie viel von mir ist bereits tot und wie viel noch lebendig?«

Ein mächtiges Schweigen breitet sich zwischen mir und Larissa aus. Wie lange, weiß ich nicht. Niemand erwartet eine Frage. Niemand eine Antwort. Niemand ein Wort.

Hinter der Erinnerung

Du bist mal ein Mensch gewesen, aber für mich bist du nur eine Erinnerung. Genau genommen: drei lausige Erinnerungsfetzen. Sie werden umso staubiger, je mehr ich versuche, sie zu entstauben.

Du bist mein Vater, aber für mich bist du nur eine Erinnerung. Genau genommen sind es drei lächerliche Bilder, die in der Galerie meiner Erinnerungen einen prominenten Platz haben:

1. Mein Bruder und ich sind ganz klein. Du kommst spät abends von der Arbeit nach Hause. Wir liegen schon im Bett und erwarten anscheinend nicht, dass wir dich vor dem Einschlummern noch mal zu Gesicht bekommen. Wir rasten richtig aus und liegen uns in den Armen. Erinnerungsende. Was davon übrig bleibt, ist dein Lächeln.

2. Mein Bruder und ich sind immer noch klein. Diesmal stehen wir auf Omas Balkon. Mein Bruder beugt sich über das Geländer, unerfahren mit der gefährlichen Tiefe. Mit einem riesigen Satz springst du durch die Tür, um ihn aufzuhalten. Dabei stößt du dir den Kopf am Türrahmen. Platzwunde und etliche Stiche. Erinnerungsende. Was davon übrig bleibt, ist die Schiebermütze auf dem Kopf, die du sonst nicht getragen hast.

3. Ich bin immer noch klein und besuche dich mit meiner Mutter im Gefängnis. Ich durfte ausnahmsweise hinter die Glasscheiben, damit du ein paar Minuten Zeit mit mir verbringen kannst. Am Ende hast du mir etwas in die Socke gesteckt und gesagt, ich solle es meiner Mutter geben, wenn wir draußen sind. Ich hab's getan. Das war ein Kettenanhänger, den du ihr gehandwerkelt hast. Du hast das Muster einer Blume in eine Münze eingraviert. Tränen in den Augen meiner Mutter. Erinnerungsende. Was davon übrig bleibt, ist die Romantik.

Da, wo meine Erinnerung endet, endet auch dein Leben. Dein Verbrechen war, in einer bestimmten Zeit an einem bestimmten Ort anders zu denken. Grund genug für eine Hinrichtung und dein Verschwinden in einem Massengrab.

Ich glaube nicht an ein Jenseits. Der Tod ist das Ende. Und wenn ich mir die Umstände anschaue, kannst du nicht toter sein. Trotzdem ist noch ein Hauch Leben von dir da. Drei mickrige Erinnerungen, die aus dir einen Vater machen. Eine Person, die viel zu verschwommen, viel zu fiktiv ist, um dich zu ersetzen, aber immerhin bist du so ein Mensch geworden. Jemand, der sich hin und wieder in meine Gedanken schleicht, mich in seiner Schiebermütze anlächelt und mir die Romantik beibringt.

Jemand, der Sätze sprechen könnte wie: »Was mich umbringt, macht dich stark.« Oder: »Denke anders. Aus Prinzip. Und wenn es sein muss, dann aus Trotz. Genieße es, überschreite Grenzen. Es ist nicht selbstverständlich, eine andere Meinung zu haben, ohne dafür bestraft zu werden.«

Mein Vater ist ein Name. Eine Figur zwischen der Realität und der Fiktion. Und das sicherste Seil, das mich mit ihm verbindet, ist die heilige Dreifaltigkeit meiner Erinnerung. Deswegen lebe ich gerne das lebendige Leben, damit neue Erinnerungen entstehen, von Menschen, die ich liebe. Damit ich gewappnet bin, wenn es wieder heißt: Asche zu Asche, Staub zu Staub. Dank Erinnerungen erhebt sich ein verloren geglaubter Mensch wie ein Phönix aus der Asche und belebt die Vergänglichkeit.

Ich weiß nicht, ob mir mein Vater das mitgeben wollte, was ich mitgenommen habe. Aber eine Lektion aus seinem Tod habe ich gelernt: Das Leben leben, verleben, ausleben, schönleben, durchleben ...

»Geschwindigkeitsbegrenzungsschilder«, sagt Larissa wie aus dem Nichts. Das ist ihre Spezialität. Themen wie aus dem Nichts in den Raum werfen und schauen, wie sie explodieren und was sie für Schäden hinterlassen. »Geschwindigkeitsbegrenzungsschilder. 35 Buchstaben. Das sind mehr, als das ganze Alphabet zusammen hat, fällt mir gerade auf.«

»Nichts wirklich Ungewöhnliches in der deutschen Sprache. Ja, da gibt es lange Wörter. Das Thema ist abgegrast.«

»Ich wollte eigentlich auch auf etwas anderes hinaus.«

»Ich bin ganz Ohr und Auge.«

»In Deutschland gibt es zwei Arten von Schildern, die die Geschwindigkeit begrenzen. Die absoluten Verbotsschilder und die Entschuldigungsschilder. Die absoluten sind einfach Tempolimits. Die Entschuldigungsschilder sind die mit den Zusatzerklärungen. Hier ist die Geschwindigkeit auf dreißig begrenzt, weil wir die anderen vor Lärm schützen müssen oder weil hier Straßenschäden vorhanden sind. Ich verstehe nicht, warum man sich als Verkehrsregler erklären muss. Nach dem Motto: ›Es tut uns wahnsinnig leid, dass wir euch rasende Mäuse in eurer berechtigten Fahrwut zügeln müssen, aber es wäre richtig lieb von euch, wenn ihr Gnade walten lasst und mit euren süßen Füßen dem Bremspedal mehr Achtung schenkt. Wir wissen das sehr zu schätzen und entschuldigen uns vielmals.‹

Was soll das? Tempolimits sind Tempolimits und sie sind

einzuhalten. Du bist niemandem eine Erklärung schuldig: ›Hier wird nicht schneller gefahren als dreißig, sonst kriegt ihr einen Strafzettel, der so wehtun wird, dass eure Nachfahren sich noch daran erinnern werden.‹«

»Klassischer Fall von geregelt, durchgeregelt und totgeregelt. Zu weit gegangen. Wie ein guter Witz, auf den du eine Schippe drauflegst, und die zweite Schippe ist dann zu viel. Aber so ist es. Germans just love Regeln, Formulare und Dokumente. Es ist eigentlich auch ein abgegrastes Thema, aber ich muss dir trotzdem eine kleine Geschichte erzählen ...«

Das Chinarestaurant,
die Geburtsurkunde und ich

Ich stand im Standesamt und wollte wissen, was ich alles brauche, um zu heiraten. Die Standesbeamtin verlangte Dokumente von mir, von denen ich nicht wusste, dass sie überhaupt existieren. Mit Ach und Krach kratzte ich alles zusammen und erschien ein zweites Mal. Sie begutachtete alles und bemängelte meine Geburtsurkunde. Da ich im Iran geboren bin, habe ich das Dokument schon vor meiner Abreise übersetzen lassen. Etliche Stempel, Unterschriften, Siegel und Insignien zieren diese Übersetzung. Unter anderem von der deutschen Botschaft. Mehr Beglaubigungen gehen eigentlich gar nicht. Die Übersetzung sieht eher aus wie der Versailler Vertrag. Es würde mich nicht wundern, wenn ich auf diesem Dokument nebenbei irgendwo einen Frieden geschlossen habe.

Aber der Standesbeamtin reichte sie nicht. Sie gab mir eine Liste, auf der die Namen einiger übersetzenden Personen standen, die das Vertrauen des Standesamtes genießen. Ich suchte mir einen Übersetzer aus und mailte ihm meine Geburtsurkunde zu. Nach zwei Tagen meldete er sich mit der Nachricht, dass die Übersetzung fertig sei. Er schickte mir die Adresse und schrieb, er sei gerade nicht da, aber die Übersetzung liege bereit zum Abholen: an der angegebenen Adresse im Erdgeschoss im Chinarestaurant. Ich fuhr hin.

»Guten Tag, ich bin hier, um die Übersetzung meiner Geburtsurkunde abzuholen.«

»Ja, hier sind Sie richtig. Ich habe Ihr Dokument, aber Sie müssen vorher was essen.«

»Ich weiß nicht. Eigentlich habe ich keinen Hunger.«

»Wenn Sie keinen Appetit haben, dann haben Sie auch kein Dokument.«

»Wollen Sie mich erpressen?«

»Nein, ich habe nur einen Deal mit Ihrem Übersetzer.«

»Ja, fair. Würde ich auch machen an Ihrer Stelle. Dann nehme ich Ente süßsauer.«

»Haben wir nicht.«

»Okay, was würden Sie mir denn empfehlen?«

»Ente kross à la Ananassaft und mit Essig verfeinert.«

»Ist das nicht Ente süßsauer?«

»Doch, aber klingt hipper.«

Eine halbe Stunde später bekam ich, pappsatt und um 80 Euro leichter, meine Übersetzung ausgehändigt. Ich habe den Übersetzer nie zu Gesicht bekommen. Möglicherweise hat der gute Chinarestaurant-Besitzer meine Geburtsurkunde selbst beglaubigt. Ich weiß es nicht. Aber die Standesbeamtin war zufrieden. Sie hatte die Wahl gehabt zwischen dem Versailler Vertrag und einem Wisch aus einem Chinarestaurant. Sie hätte ein Dokument aus den Federn hochrangiger Botschafterinnen und staatlicher Senatoren haben können, aber sie hat sich für die zwielichtige Welt aus Berlin-Charlottenburg entschieden.

»Euer Problem ist, dass ihr denkt, die Intelligenz hat mit einem Gehirn und einem neuronalen System zu tun«, poltert Larissa über das Pflaster der Stille.

»Ich weiß nicht, wie intelligent es ist, das zu behaupten. Womit denn sonst?«

»Und wie soll das bei mir als Pflanze funktionieren?«

»Du sprichst zwar gerade mit mir, aber du bist auch als sprechende und handelnde Figur meine Erfindung. Das darfst du nicht vergessen.«

»Ich kann auch ohne dich existieren. Das weißt du genau. Vielleicht bin ich dann stumm, aber ich kann als Pflanze handeln: wachsen zum Beispiel. Und dafür brauche ich Strategien, wie ich Wasser und Mineralstoffe aufnehme.«

»Das stimmt! Und eigentlich brauchst du gar nicht viel, um zu überleben. Ab und an ein bisschen Wasser und du könntest üblicherweise sogar mich überleben.«

»Und ich habe sogar eine Strategie, wie ich in einer normalerweise feindlichen Umgebung, in der es kaum Wasser gibt, Wasser speichern kann. Damit ich andere Lebewesen von meinen saftigen Sprossen und Zweigen fernhalten kann, habe ich sogar Dornen entwickelt. Wenn das nicht Intelligenz ist, dann weiß ich es auch nicht.«

»In der Tat! Das ist eine Art Erkenntnis. Da müssen ja deine Vorfahren erst mal drauf gekommen sein und das an dich weitervererbt haben. Diese Intelligenz haben ja auch andere Pflanzen. Jetzt frage ich mich, wie ich so intelligente Lebewesen wie die Pflanzen überhaupt essen kann.«

»Das frage ich mich auch. Ich muss keine Lebewesen töten, um überleben zu können.«

»Du bist auf jeden Fall humaner als die Menschen. Das macht mich stutzig.«

»Vielleicht seid ihr ja irgendwann evolutionär so weit.«

»Und es ist so ignorant von mir, so wenig über dich zu wissen. Was bist du für ein Kaktus?«

»Cereus jamacaru ist meine wissenschaftliche Bezeichnung. Ich bin eine Pflanze aus der Familie der Kakteengewächse. Ich würde das Wort ›Klan‹ eher bevorzugen als ›Familie‹.«

»Das merke ich mir. Und wo bist du heimisch?«

»Im Norden Brasiliens.«

»Du bist Brasilianerin?«

»Sehe ich so aus, als wäre ich in BaWü zu Hause?«

»Meinst du, die AfD würde dich abschieben, wenn sie an die Macht käme?«

»Würde ich nicht ganz ausschließen wollen.«

»Wie fühlst du dich in Deutschland?«

»Bei dir fühle ich mich jedenfalls wohl. Und Deutsch beherrsche ich offensichtlich auch. Also bestens integriert.«

»Mit der Integration ist es so eine Sache. Ich dachte auch lange, ich wäre gut integriert. Es hat eine Weile gedauert, bis ich gemerkt habe, dass das Problem nicht ich bin, sondern die Integration selbst ...«

In Grund und Boden integriert

Ich komme aus einem Land fernab vom deftigen Eisbein und elsässischen Weißwein. So! Das war es mit der Reimerei in diesem Text. Ich hoffe, ihr habt es genossen, Genossen! Wo das Land liegt oder wie es heißt, ist zunächst zweitrangig. Nur meine äußere Erscheinung verrät, dass mein Großvater wahrscheinlich nicht Heinz-Erhard hieß. Ihr tippt bestimmt auf Mohammad. Ja! Da liegt ihr auch richtig. An sich ist es auch kein Aufsehen erregender Fakt. Nur ich kann mir die Beunruhigung nicht erklären, die ich in letzter Zeit von manchen Blicken ablese. Menschen, die mich mit ihren Blicken nicht aus-, sondern anziehen.

Hier ein Bild, das manche von mir haben, wenn sie mich sehen: Ich füttere mit der rechten Hand mein Kamel, hab unter dem linken Arm einen Koran klemmen, während ich Shisha rauchend auf einem fliegenden Teppich einen Meter über dem Boden schwebe, meine Frau zu Hause mit einer Ohrfeige begrüße und meine anderen Frauen auch.

Dabei habe ich mich der Integration enthusiastisch hingegeben, mich in Grund und Boden integriert. Ich verschlinge Schweinefleisch bis zum Erbrechen (im übertragenen Sinne natürlich) und trinke Bier bis zum Erbrechen (nicht im übertragenen Sinne natürlich). Außerdem spiel ich Skat! Für diejenigen, die es nicht kennen. Das ist ein Kartenspiel, das deutscher ist als Bier. Wer Skat spielt, heißt automatisch

Klaus. Mit Nachnamen. Und natürlich habe ich aufgehört, meine Frauen zu schlagen, und mich dann von drei von ihnen scheiden lassen. Jetzt lasse ich mich von meiner ersten Frau schlagen. Also hat sie sich auch integriert.

Und ich habe mich für die deutsche Sprache entschieden und auf meine Muttersprache verzichtet, wenn es ums Schreiben geht. Das ist der größte Integrationsnachweis, wie ich finde.

Trotzdem werde ich manchmal skeptisch beäugt, nicht akzeptiert, ja sogar offen abgelehnt. Irgendwas läuft schief. Dass es nur meine äußere Erscheinung sein soll, liefert mir nicht genug Erklärung. Ich habe mich an Wikipedia gewandt, damit sie mir mehr über den Begriff »Integration« erzählen kann. Sie zeigte mir gleich am Anfang des Artikels eine Abbildung, die ich euch nicht vorenthalten möchte. Zwei Kreise stellen die Integration dar. Ein großer Kreis mit vielen blauen Punkten und ein kleiner mit vielen roten Punkten. Der kleine Kreis befindet sich innerhalb des großen. Und genau das ist das Problem. Die blauen und die roten Punkte sind in ihren jeweiligen Kreisen gefangen. Sie haben keine Berührungspunkte.

Wenn das die Integration ist, dann will ich mich nicht integrieren. Der kleine Kreis ist mir zu eng, zu engstirnig. Da gefällt mir die Abbildung, die eine Inklusion darstellt, schon eher. Da existiert der kleine Kreis nicht. Der große beherbergt die blauen und roten Punkte gleichermaßen. – Ein viel schöneres und bunteres Bild, das vor allem um einen Kreis, um eine Grenze ärmer ist.

Integration ist nicht genug. Ich will die Inklusion, will mich inkludieren. Ich als roter Punkt will mit euch blauen Punkten die wenigen Augenblicke der Ewigkeit, die wir leben, ausgiebig feiern. Ich will, dass das ICH ein WIR wird, dass WIR den Kreis so weit ausdehnen, bis wir seine Größe vergessen und so viele andersfarbige Punkte reinholen, bis wir farbenblind werden.

Ich will meinen Bart wachsen lassen, ohne dass mit seiner Länge die Terrorgefahr steigt.

Lasst uns gemeinsam dafür sorgen, dass solche Texte wie dieser überflüssig werden. Dass der Schwarzhaarige (na gut, der Grauhaarige) einfach dazugehört.

Multikulti ist zum Scheitern verurteilt, weil jeder in seiner Blase lebt. Lasst uns inkludieren! Lasst uns die Kreise innerhalb des großen Kreises abbauen. Der einzige Kreis, der uns aufhalten könnte, ist der Globus selbst. Die einzige Heimat. Heimat ist kein Raum, der sich von anderen Menschen abschottet. Heimat ist überhaupt kein Ort. Erst die Menschen machen aus einem Ort eine Heimat.

Menschen und keine Nationalitäten. Menschen und keine Farben. Menschen und nur Menschen.

Ein Knall lässt Larissa und mich erschrocken auffahren. Ich eile zu der Stelle, wo ich die Knallquelle vermute. Horst sitzt auf dem Balkon und reibt sich mit seinem rechten Flügel den Kopf. Klassische Vogelpanne. Er ist gegen die Fensterscheibe geflogen. Ich mache die Balkontür auf und Horst stakst leicht benommen in das Wohnzimmer.

Ob alles in Ordnung sei, frage ich ihn. Er winkt ab und legt sich auf das Sofa.

»*Die Physik kann manchmal wehtun*«, *bemerkt Larissa und vervollständigt ihre Aussage mit einer steilen These:* »*Die Relativitätstheorie von Einstein ist unvollständig.*«

»*Ich hatte zwar Physik als Leistungskurs, aber verstanden habe ich nicht sehr viel*«, *sage ich.*

»*Ich meine es auch gar nicht physikalisch. Die Zeit ist relativ, heißt es bei ihm. Aber relativ was? Relativ kurz, relativ groß? Der Satz ist unvollständig. Ich sage ja auch nicht, ich bin ständig. Da fehlt ein Adjektiv. Ständig verwirrt, beispielsweise. Oder in dem Fall relativ verwirrt.*«

»*Durchaus richtig. Aber E = mc² ist die erotischste Formel, die ich kenne. Das musst du neidlos anerkennen.*«

»*Erotisch ist für mich einzig und allein das Sonnenlicht.*«

»*Es ist eine Formel, in der Energie, Masse und Lichtgeschwindigkeit gleichzeitig vorkommen. Wie cool ist das denn bitte? Und als ob das nicht cool genug wäre, dann wird die Lichtgeschwindig-*

keit zum Quadrat genommen. Jedenfalls! Wenn ich ein Rapper wäre, dann würde ich mich MC Quadrat nennen.«

»Diese Behauptung ist relativ ...«

»Lichtgeschwind?«

»Was auch immer!«

»Apropos Physik! Hast du Lust auf ein mathematisches Märchen?«

»Relativ.«

Mathe, eine absolute Herrscherin

Es war einmal ein zweidimensionaler Raum. Darin verlief eine Sinuskurve bis in die Unendlichkeit. Auf dieser Kurve rollte ein Kreis in einer unaufhörlichen Monotonie auf und ab. Die Bewegung machte ihm nichts aus, er war ein Kreis, der seiner Natur nach rollte, weil die Geheimpolizei der physikalischen Gesetze das so wollte.

Es war einmal ein anderer zweidimensionaler Raum. Darin verlief eine horizontale Linie bis in die Unendlichkeit. Auf dieser Linie verharrte ein Quadrat seit eh und je im absoluten Stillstand. Nichts konnte es dazu bewegen, sich einen Millimeter von seinem Platz zu rühren. Er war ein Quadrat, das seiner Natur nach stillstand.

Eines Tages, während eines gewöhnlichen Intervalls, als der Kreis sich auf der Spitze einer Kurve befand, schoss es ihm durch den Kopf: »Was ist, wenn ich für einen einzigen Augenblick innehalten könnte?« Diesen Gedanken wurde er nicht mehr los und zum ersten Mal in seinem Dasein wurde ihm bewusst, dass er keinen eigenen Willen hatte. Er rollte, weil es die einzige Herrscherin Mathematik so befohlen hatte. Er erkannte und warf sein ganzes Gewicht in die Waagschale, um einen Funken Willen zu erzeugen.

Eines Tages, während eines gewöhnlichen Ruhestands, als das Quadrat sich genüsslich nicht bewegte, schoss es ihm durch den Kopf: »Was ist, wenn ich nur um einen kleinen Ruck vom Fleck käme?« Diesen Gedanken wurde es nicht mehr los, aber es konnte es nicht über sich bringen, einen eigenen Willen zu entwickeln, weil ihm dazu das Wollen fehlte. Es erkannte und verzagte stündlich mehr und seine Sehnsucht, sich zu bewegen, wuchs exponentiell zu seiner Verzweiflung.

Nach Millionen Jahren harter Arbeit gelang dem Kreis das Unmögliche. Am Anfang einer absinkenden Schräge konnte er für eine Mikrosekunde eine Gegenkraft aufbringen, die der Anziehungskraft entgegenwirkte. Das reichte vollkommen aus, um die konstante Geschwindigkeit zu verringern. Damit erreichte der Kreis die nächste Spitze des Sinusintervalls nicht und rollte rückwärts hinab. Zum ersten Mal war er in einer einzigen Periode der Sinuskurve gefangen. Seine Geschwindigkeit und die Strecke, die er zurücklegte, wurden immer kleiner. Alles sah nach einem Stillstand aus. Die Geheimpolizei war ausgetrickst.

In den letzten Zuckungen des Kreises verwandelte die Mathematik die Sinuskurve plötzlich in eine horizontale Linie, um den Kreis in Bewegung zu halten. Nun rollte der Kreis in einer sehr langsamen und monotonen Geschwindigkeit entlang der x-Achse und verpasste seinen Traum um ein Haar. Für den Kreis brachen alle Welten zusammen. Er kapitulierte vor der Herrschaft der Mathematik.

Die halbe Unendlichkeit war vergangen, als der Kreis unvorhergesehen auf das Quadrat stieß und jäh zum Stehen kam. Er stand tatsächlich still. Eine unvorstellbare Glückseligkeit übermannte ihn. Tränen rannen über einen Kreisabschnitt auf den rechten Winkel des Quadrats.

»Du hast gerade meinen größten Wunsch erfüllt. Ich ste-

he. Siehst du das? Ich stehe«, schrie der Kreis ohne Laute.
»Wie kann ich mich bei dir revanchieren?«, fragte er dann
wortlos.

Das Quadrat lächelte und sagte, ohne zu sprechen: »Indem du im Kleinen das bewirkst, was dir anscheinend nicht
mehr am Herzen liegt. Bewege mich!«

Der Kreis hatte keine Ideen. Das Quadrat schon lange
nicht.

Sie steckten die Köpfe zusammen und diskutierten tele-
pathisch, wie das Problem zu beheben wäre. Und sie fanden
eine Lösung. Sie kamen überein, sich zu vereinigen. Der
Kreis schlüpfte in das Quadrat hinein. Nach einer langwie-
rigen Feinjustierung begegneten sich ihre Mittelpunkte und
verschmolzen zu einem Punkt. Weil beide denselben Flä-
cheninhalt hatten, ergab sich eine besondere Form. Das Quadrat befand sich fast gänzlich innerhalb des Kreisumfangs.
Nur die kleinen Zacken seiner vier Winkel ragten aus dem
Kreis hinaus. Genau das war die nötige Würze in ihrer Beziehung. Sie wiegten sich auf dem Kreisbogen hin und her,
wenn das Quadrat einen Beweggrund suchte, und stützten
sich auf eine Zacke des Quadrats, wenn der Kreis Halt suchte.

Die Mathematik lernte die Ratlosigkeit kennen und stand
nun einem ihrer größten Probleme gegenüber: der Quadra-
tur des Kreises. Mathematiker aus allen Ländern der Welt
zerbrachen sich jahrhundertelang den Kopf und fanden keine Lösung. Der Kreis und das Quadrat lebten glücklich bis
ans Ende der Unendlichkeit. Und wenn das Problem nicht
gelöst ist, dann leben sie noch heute.

»Was ist für dich die genialste Erfindung der Menschheit?«, fragt Larissa.

»Auf eine einzige Erfindung würde ich mich nicht festlegen wollen. Die Pfeffermühle ist schon nicht schlecht.«

»Ich würde den Toaster bevorzugen.«

»Abgefahren finde ich auch, dass man mit Einsen und Nullen Computer programmieren kann. Dass Einsen und Nullen so viel Vielfalt hervorbringen können, ist schon faszinierend.«

Der bunte Schriftzug auf der Cornflakes-Packung lässt mich umstimmen. »Ah! Ich habe es!«, sage ich plötzlich von einem Geistesblitz durchgerüttelt: »Die allergrößte Erfindung der Menschheit ist für mich das hier.«

»Was denn?«

»Na, das!«

»Na, was?«

»Die Schrift!«

»Dir ist doch klar, dass wir uns gerade mündlich unterhalten. Ich sehe weit und breit keine Schrift.«

»Aber die Menschen, die das hier gerade lesen, haben die Schrift vor der Nase. Sie sehen uns durch diese seltsame Erfindung, die eigentlich nur aus Linien und Punkten besteht. Durch sie kriegen sie mit, was wir sagen, wie wir aussehen, wo wir uns befinden, wie wir ticken. Wäre die Schrift nicht da, würde sich unsere Unterhaltung wie Seifenblasen in der Luft auflösen.«

»Und niemand würde erfahren, dass es mich gibt!«, stellt Larissa entsetzt fest.

»Das ist doch die pure Definition von Faszination«, fahre ich fort. »Stell dir vor, ein Alien landet auf der Erde und nimmt ein Buch in die Hand. Er würde denken: Was soll dieses gekringelte Kauderwelsch? Aber dass sich dahinter eine Welt versteckt, würde er nicht ahnen. Was das doch alles beinhalten kann! Geschichten, Geheimnisse, wissenschaftliche Erkenntnisse, Lügen, Gerüchte, Informationen, Dramen und Gefühle!«

»Meinst du die Idee, die Schrift zu erfinden, hatte mit den Lebensmitteln zu tun?«

»Ich kann die Brücke nicht passieren, die du jetzt gespannt hast.«

»Irgendwann im Laufe der Menschheitsgeschichte sind die Menschen auf die Idee gekommen, die Lebensmittel länger haltbar zu machen. Sie waren an einem Punkt, an dem es hieß, ich habe gerade mehr, als ich konsumieren kann. Wegwerfen will ich den Überschuss auf keinen Fall. Tauschen kann ich aber gerade auch nicht, weil meine Tauschpartnerin, die mir dafür Weizen geben könnte, momentan kein Fleisch braucht. Also muss ich das irgendwie konservieren. Da hat sich der Mensch Methoden ausgedacht, wie er die Haltbarkeit seines Produktes verlängern kann. Dann tauchte jemand auf und hatte die geniale Idee: Wenn ich Lebensmittel konservieren kann, dann muss es doch auch einen Weg geben, Gedanken, Unterhaltungen und Geschichten zu konservieren. Und siehe da, das Alphabet war geboren.«

»Netter Gedanke, aber ich glaube, der Prozess dauerte länger, als du denkst. Es gab ja vor der Geburt des Abc die Hieroglyphen, die eine Bildersprache waren, wo also jedem Wort ein Zeichen zugeordnet war ...«

»Das ist deine Theorie, aber ich habe meine. Ich glaube, Pökelfleisch war der Auslöser für die Erfindung der Schrift, die wir heute kennen. Und du musst diese Theorie erst einmal widerlegen.«

»Keine Zeit gerade. Einigen wir uns darauf, dass du recht hast. Jedenfalls habe ich gerade Lust, eine Ode an das Alphabet zu schreiben. Ich könnte das persische Alphabet nehmen, aber ich verzichte darauf.«

»Wenn wir schon dabei sind: Wie heißt das jetzt eigentlich richtig? Persisch oder Farsi?«

»›Farsi‹ ist die persische Bezeichnung für das Wort ›Persisch‹. Genauso wie ›español‹ die spanische Bezeichnung für ›Spanisch‹ ist. Du kannst sagen, ›Ich kann Spanisch‹, oder du sagst: ›Ich kann Español.‹ Im ersten Fall verstehen dich alle, im zweiten Fall denkt man: Was für ein Klugscheißer. Also deine Entscheidung jetzt, ob du sagen willst: ›Ich kann Persisch‹ oder ›Farsi‹. Seltsamerweise ist es manchen Deutschen wichtig zu betonen, dass meine Muttersprache Farsi ist und nicht Persisch. Das ist lächerlich. Du sagst ja auch nicht: ›Juan kommt aus Spanien. Er spricht nicht Spanisch, sondern Español.‹ Danke, Sabine, dass du Juan und mir erklärst, wie unsere Sprache in unserer Muttersprache heißt.

Ich schweife ab und würde an dieser Stelle lieber eine Ode an das Alphabet richten.«

Ich liebe dich, Alphabet!

Das A ist ein Dach über meinem Kopf, unter dem ich mich geborgen fühle.

Das B setze ich um neunzig Grad gedreht als Brille auf und schlage das Buch auf.

Das C wird zu einer Rutsche, die mich in ein Meer fremder Gedanken katapultiert.

Das D könnte mein Segel sein, aber ich bräuchte ein Boot.

Ich schubse das E um, sodass es auf seinem langen Strich liegt. Et voilà, das Boot ist fertig.

Ich nehme das F als Segelmast und befestige es am mittleren Strich vom E. Das D drangehängt, fängt das Segel an zu flattern und der Wind treibt mich hinaus auf die hohe See.

Das G als Galionsfigur vorne am Boot fängt die aufgehende Sonne in seinem Bogen.

Ich habe ganz viele Hs mit, die aufeinandergestapelt eine Leiter bilden, die bis zum Himmel reicht.

Das I ist meine Angelrute, das J der Angelhaken. Bereit, die besten Sätze aus dem Buch zu angeln.

Ich drücke den oberen Strich vom K in die Horizontale und baue mir einen gemütlichen Stuhl.

Das L fungiert als ein Hebel, mit dem ich die komplizierten Sätze knacke.

Ich schaue auf das Meer. Das M und das N haben sich zu sanften Wellen zusammengetan.

Das O stets dabei als Rettungsring vor unnötig schweren Fachwörtern.

Mit zwei Ps lässt es sich rudern. Durch Geschichten, durch Gedanken, durch Berichte.

Den Querstrich des Qs festhaltend, steige ich in den Himmel meiner unendlichen Unwissenheit.

Auf der Insel der Fragen angekommen, steht das R auf seinen zwei Beinen: bereit zum Loslaufen in die Abenteuer.

Das S ein Beweis dafür, dass kein Weg geradlinig sein kann, sondern voller Windungen.

An die senkrechte Linie des Ts angelehnt, gönne ich mir eine Verschnaufpause.

Mit dem U, das bis zum Rand gefüllt ist, stille ich meine Dürste jeglicher Art.

Das V und das W aneinandergelehnt, Berge und Täler, Hochs und Tiefs, Aufs und Abs.

Das X wie ein Schild gegen Ignoranz.

Das Y wie ein Martiniglas. Ein Hoch auf die Schrift. Ein Hoch auf das Festhalten von Gedanken. Ein Hoch auf die Weitergabe einer Idee.

Das Z wie die Zeit selbst. Ein weiterer diagonaler Strich an seinem Erscheinungsbild und die Sanduhr ist da. Laufen die Buchstaben durch, dreht man sie um und das Spiel beginnt wieder von A wie Anfang.

»Hast du einen Traum, der sich schwer umsetzen lässt?«, frage ich Larissa, um sie besser kennenzulernen.

»Ich würde gerne mit Luftballons spielen, aber ich würde sie nur kaputt piksen.«

Ich hole eine Hunderterpackung Luftballons und puste sie alle auf. Ich setze mich auf den Boden und werfe Larissa einen Ballon nach dem anderen zu. Horst mischt mit und schnappt mit seinen Krallen nach den Ballons, die nicht gleich platzen und durch die Luft fliegen.

Nach einer Viertelstunde sieht der Umkreis vom Blumentopf wie ein Schlachtfeld aus. Ich habe Larissa noch nie so grün und vital erlebt wie in diesem Moment.

»Ich würde sagen«, jauchzt Larissa, »ich bin in der Geschichte der Kakteen die erste, die ausgiebig mit Luftballons spielen durfte. Ich frage mich, wie sich die ersten Menschen gefühlt haben, die in der Menschheitsgeschichte bestimmte Aktivitäten zum ersten Mal gemacht haben. Zum Beispiel den ersten Purzelbaum geschlagen. Wer und wann war das? Es ist doch eine spannende Frage. Die Geschichte und das erste Mal! Ich finde die Menschheitsgeschichte auch sehr spannend.«

»Wem sagst du das? Ich habe Geschichte studiert, schreibe aber jetzt Geschichten, wenn wir den Bogen zum Anfangssatz dieses Buches spannen wollen.«

»Ja, aber ich meine die viel ältere Geschichte. Die Urgeschich-

te der ersten Menschen. Die Zeit, die in der Dunkelheit liegt, weil
wir so gut wie keine Quellen haben, die Informationen liefern.«

»Also magst du Geheimnisse?«

»Auch, aber viel spannender ist, dass in jener Zeit vieles zum
ersten Mal passiert ist. Vieles, was heute mehr oder weniger
selbstverständlich ist.«

Aller Anfang liegt in der Dunkelheit
Geschichten aus der Menschheitsgeschichte

Folge 1: Der Handstand

Alle reden nur vom aufrechten Gang, aber wer hat den ersten Handstand gemacht? Das liegt im Dunkeln, aber ich werde munkeln:

Dem Menschen, der den Handstand erfunden hat, reichte der aufrechte Gang nicht. Er wollte über sich hinauswachsen, etwas anderes versuchen, als stumpf aufrecht zu gehen. Die ersten Versuche taten weh und er konnte sich glücklich schätzen, sich nicht das Genick gebrochen zu haben. Aber eines Tages stand er auf seinen Händen. Plötzlich stand alles kopf. Der Berg, die Bäume, seine Jagdpartnerin. Was, wenn das die richtige Sicht auf die Welt ist?, dachte er dann. Nur weil wir die ganze Zeit auf den Beinen gehen, muss es ja nicht heißen, dass der Himmel immer oben ist. Aus dieser Sicht jetzt ist der Himmel unten und die Erde oben. Kann die Erde also auch der Himmel sein? In diesen Gedanken versunken, gaben seine Arme plötzlich nach. Er fiel auf seinen Kopf und brach sich das Genick. Und niemand kriegte mit, dass der erste Mensch, der einen Handstand gemacht hat, zugleich der erste Philosoph war.

Folge 2: Der Termin

Wer hat den Termin erfunden? Das liegt im Dunkeln, aber ich werde munkeln:

Der Mensch, der den Termin erfunden hat, tat es aus der Not heraus. Seine beste Freundin kam aus einer fremden Höhle. Die Gemeinschaft in der eigenen Höhle bot ihm keine Menschen, mit denen er sich gut verstand. Ihre Freundschaft hielten sie geheim, weil man damals nur die Menschen aus der eigenen Höhle akzeptierte. Alle anderen waren Feinde. Sie verstanden sich blind. Das haben sie schon bei der ersten Begegnung festgestellt und seitdem trafen sie sich heimlich, um gemeinsam auf die Jagd zu gehen, Früchte zu sammeln oder einfach in der Sonne zu liegen und zu kichern. Der Treffpunkt war immer am kleinen Felsen, auf dem ein Baum wuchs. Die Freundin kam jedes Mal zu spät. Er kam bereits in den frühen Morgenstunden, ohne zu wissen, was eine Stunde ist, und musste dann bis spät in den Nachmittag hinein warten. Das mochte er nicht, auch wenn er das nicht artikulieren konnte. Die Pünktlichkeit war ja auch noch nicht erfunden. Was sie noch nicht wussten, war, dass ihre Liebe zueinander bereits die Erfindung vom Termin eingeläutet hatte, denn sie hatten schon einen vereinbarten Ort, an dem sie sich trafen. Es fehlte nur der Zeitpunkt. Also sagte er ihr eines Tages, dass der Ort gut sei, aber es gut wäre, wenn sie dann erscheint, wenn die Sonne über dem Wipfel des Baums steht. Und seitdem klappte es dann auch ganz gut und niemand musste warten. Somit war der Termin mit einem fixen Treff- und Zeitpunkt geboren. Und niemand kriegte mit, dass die ersten Menschen, die den Termin erfanden, gleichzeitig auch die ersten Liebenden einer nicht inzestuösen Beziehung waren.

Folge 3: Die Lüge

Wer hat zum ersten Mal gelogen? Das liegt im Dunkeln, aber ich werde munkeln:

Der Mensch, der die Lüge erfunden hat, war schlau. Eigentlich war er ein Jäger. Wie alle anderen in seiner Höhle und seit mehreren Generationen. Aber er hasste es. Jagen machte ihm keinen Spaß. Es war nicht seine Berufung. Also sagte er eines Tages, er hätte ganz schlimme Bauchkrämpfe und könne sich kaum bewegen. Da die anderen noch nicht wussten, was eine Lüge überhaupt ist, glaubten sie ihm. Vor der Erfindung der Lüge gab es nur die Wahrheit. Eine getroffene Aussage stimmte immer. Also zogen die Mitstreiterinnen los und blieben ein paar Tage weg. Der Lügner blieb zuerst liegen und starrte die Decke an. Er fühlte sich gut und gleichzeitig schlecht, aber vor allem kam er sich schlau vor. Nach einigen Stunden, obwohl er gar nicht wusste, was Stunden waren, stand er auf und ging seiner unterdrückten Leidenschaft nach. Er schnappte sich einen spitzen Stein und malte all die Tiere an die Höhlenwand, die er im Laufe seines langen zwanzigjährigen Lebens gesehen hatte. Und niemand kriegte mit, dass der erste Mensch, der log, gleichzeitig der erste Künstler war.

Folge 4: Der Streich

Wer hat den ersten Streich gespielt? Das liegt im Dunkeln, aber ich werde munkeln:

Eines Tages gingen zwei Menschen durch die Savanne. Wie lange sie unterwegs waren, wusste niemand, weil es noch keine Uhren gab. Die Sonne schien kein Erbarmen zu haben. Die beiden Schnuckelhasen hatten Hunger, waren müde und gelangweilt. Wie aus dem Nichts stolperte einer von ihnen über einen kleinen Stein und die andere suchte daraufhin ein Lachanfall heim. Sie kriegte sich kaum noch ein und kringelte sich vor Lachen. Der andere fand die Reaktion übertrieben, aber er lachte mit. Das scheinbar banale Ereignis erwies sich tatsächlich als einschneidend. Gab es einen Weg, den Lachanfall herbeizuführen, ohne dass man auf den Zufall warten musste? Die eine machte sich Gedanken und ein Geistesblitz traf mitten in der Savanne den Baum der Erkenntnis. Sie verlangsamte ihre Schritte, schlich sich unauffällig hinter ihr Opfer und stellte ihm von hinten ein Bein. Das Opfer stolperte, aber der Lachanfall blieb aus. Es hatte seinen Reiz verloren. Das eingeschnappte Streichopfer schaute die Täterin verdutzt an, die augenblicklich ihre Tat bereute. Sie umarmte ihn sofort entschuldigend, ohne Worte auszutauschen. Und niemand kriegte mit, dass der erste Mensch, der einen Streich gespielt hat, gleichzeitig die Umarmung erfand.

»Ich würde gerne gendern beim Sprechen«, sagt Larissa. »Ich sehe die Notwendigkeit, aber die bisherigen Lösungen sind sperrig und stören den Redefluss. Ein Sternchen sieht zwar schön aus, aber die Pause beim Reden ist seltsam.«

»Hast du einen Gegenvorschlag? Denn nur ablehnen und meckern bringt die Sache auch nicht voran.«

»Habe ich. Ich finde, Gendern geht auch einfacher. Wir nehmen ein Wort, das es zu gendern gilt: ›Arbeiter‹. Wir können eine neue Form einführen, die alle mit einbezieht und kürzer ist. Wenn wir jedem Wort ein i anhängen, dann hat sich die Sache aus meiner Sicht erledigt: ›Arbeiteri‹, ›Arzti‹, ›Politikeri‹, ›Autori‹. Wir haben nicht ellenlange Wörter, inkludieren alle Menschen und die deutsche Sprache klingt dann auch ein bisschen niedlicher. Im Falle der ›Autori‹ sogar ein bisschen italienischer. Wir italisieren quasi das Deutsche!«

»Es ist eine durchaus vitalisierende Überlegung. Darüber müsste ich eine Runde meditieren, aber natürlich nach meiner eigenen Methode ...«

¡Viva el estrés!

Der Stress lauert überall und es gibt sehr viele Methoden, damit fertigzuwerden. Meditation zum Beispiel. Sie eignet sich wunderbar zum Stressabbau, hat aber mehr Potenzial. In Kombination mit anderen Methoden.

In der Angsttherapie wird oft mit der Konfrontation gearbeitet. Wenn ich Angst vor Spinnen habe, wird mir eine Vogelspinne auf die Schulter gelegt. Danach habe ich keine Angst mehr vor Spinnen, dafür aber einen leichten Herzinfarkt.

Und genauso kann man es mit der Stressbewältigung machen. Stress mit Stress bekämpfen und mit der Meditation verbinden.

Das Ziel wäre dann nicht, die innere Ruhe zu erreichen, sondern eine innere Hektik. Der Stress sollte in kleinen Dosen gefördert werden, damit er im Alltag gar nicht mehr auffällt.

Genug Theorie. Kommen wir zur Praxis!

Wir fangen mit einer Atemübung an.

Versucht, durch den Mund so schnell und flach wie möglich ein- und auszuatmen.

Diese Übung sorgt dafür, dass Panik aufkommt. Wenn

jemand das steigern möchte, dann sollte er dabei an seine Sorgen und Ängste denken.

Um es körperlich zu unterstützen, habe ich mir auch ein paar Yoga-Übungen ausgedacht:

Die erste Position nennt sich *die aufschauende Eule*. Dabei werden die Ellenbogen eng an den Oberkörper angelegt, die Unterarme hochgezogen und das Kinn nach oben gerichtet. Jetzt den gesamten Körper richtig schön anspannen. Diese Körperstellung sechzig Minuten halten.

So werden Stresshormone ausgeschüttet. Außerdem trägt man dazu bei, dass das Selbstbewusstsein nachhaltig geschädigt wird.

Die nächste Position heißt *das alarmierte Erdmännchen*. Beide Arme seitlich an den Körper legen und mit einer ruckartigen Bewegung nach oben schnellen und den Kopf panisch hin und her drehen. Zur Unterstützung empfehle ich das chaotische Atmen bei jeder Kopfbewegung. Ihr habt alles richtig gemacht, wenn nach kurzer Zeit ein Schwindelgefühl einsetzt.

Eine weitere Technik ist natürlich die Konzentrationsmeditation. Dabei konzentriert man sich normalerweise auf ein einziges Objekt. Ich möchte, dass wir uns in der folgenden Übung auf möglichst viele Objekte konzentrieren.

Schließt die Augen. Stellt euch folgende Situation vor:

Du hast einen Brief vom Finanzamt bekommen, in dem steht, dass du 3.000 Euro Steuern nachzahlen musst. Beim Lesen des Briefes trittst du auf dein Handy. Das Display zerbirst und unzählige kleinen Scherben bohren sich in deine

Fußsohle. Das Essen auf dem Herd kocht über. Dein Kind schreit nach dir und jemand klingelt Sturm.

Um das zu verstärken, werde ich ein paar Stichworte reinwerfen, um den Stress zu erhöhen:

Montage ... die U8 ... Weihnachtsmarkt am Alexanderplatz ... Weihnachten an sich ... Björn Höcke.

Jetzt könnt ihr die Augen wieder öffnen.

So, das war ein kleiner Vorgeschmack, wie eine aktiv-aggressive Meditation ablaufen kann.

Bevor ich aber zum Ende komme, möchte ich euch noch einen Tipp mit auf den Weg geben: Macht aus jeder banalen Tätigkeit im Alltag einen Termin. Zum Beispiel Zahnputztermine. Pünktlich um 22.03 Uhr werden die Zähne geputzt. Toilettengänge sind nur im Dreistundentakt möglich. Eigentlich seid ihr frei, zu machen, was ihr wollt, Hauptsache, terminiert.

So! Ich hoffe, ich konnte euch kurzzeitig extrem belasten.

Also übt fleißig und lasst euch immer aus der Ruhe bringen.

¡Viva el estrés!

Horst fliegt im Kreis über dem Dach. Er hat seinen Streikradius erweitert. Zusätzlich zu seinem Schweigegelübde vermeidet er jetzt spannende Flugrouten und dreht seine Runden nur noch über dem Dach, damit das Filmmaterial so langweilig wie möglich wird. Er jagt nicht mehr und ernährt sich nur vom Fleisch aus dem Supermarkt, das ich ihm kaufe. Er mag das nicht so gerne wie seine eigene Beute, wenn ich sein Verhalten beim Fressen richtig deute, aber Horst bleibt standhaft in seinem Entschluss. Ich mag das. Mich mag ich heute nicht besonders. Ich gehe jeglichem sozialen Kontakt aus dem Weg. Larissa erweckt den Anschein, mich verstanden zu haben, und spricht mich erst gar nicht an. Vielleicht hat sie noch einen achten Sinn, jedenfalls kann sie mich besser lesen als ein Buch und das macht mir Angst. Ich will nicht, dass sie heute meine Gedanken liest, denn sie sind düster. Heute ist ein Tag, an dem ich nicht viel fühlen kann. Es ist einer dieser Tage, an dem ein Gedanke den nächsten jagt und sich langsam ein Strudel mit einem enormen Sog bildet, der mich in seine Tiefe hinabziehen und in ein endloses schwarzes Loch münden könnte. Und je mehr ich denke, desto weniger fühle ich.

Die meisten glauben, dass du einfach traurig bist. Dabei ist die Traurigkeit selbst ein Gefühl. Wenn ich sie empfinden würde, dann wäre das gut. Das Problem ist, dass ich nichts fühlen kann, weder Trauer noch Freude. Es ist vielmehr eine Leere, die so vernebelt ist, dass du all deine Gefühle nicht mehr finden kannst.

Dieser Nebel legt sich über deine Gefühle und macht aus ihnen eine einheitliche breiige Masse. All deine Gefühle, ob negative oder positive, fühlen sich gleich an. Sie verlieren ihre Glaubwürdigkeit. Du weißt, wie sich Traurigkeit anfühlt, aber das Einzige, was du siehst, ist ein Nebel. Du weißt, wie sich die Freude anfühlt, aber alles, was du fühlst, ist ein Nebel. Und dieser Nebel ist schwerer als ein Berg. Er drückt dich nach unten, rammt dich in den Boden. Er liegt auf deiner Brust. Du spürst ihn bei jedem Atemzug. Er kriecht in deine Beine und lässt sie wie Blei schwer werden.

Larissa zwinkert mir zu und ich ringe mir ein Lächeln ab.

Der Lachmensch

Du bist wunderschön, wenn du lachst. Es gibt viele Menschen, die lachen, aber nur einen, der lachen kann. Es geht gar nicht darum, ob du witzig bist oder Witze zu schätzen weißt. Es geht nicht um den Humor an sich. Du lachst, wenn ich am wenigsten damit rechne. Du zeigst mir die Freude, wo ich sie am wenigsten erwarte. Wenn du anfängst zu lachen, dann bebt dein ganzer Körper und ich will nur noch in den Wellen deines Gelächters baden. Du lachst, bis deine Muskeln erschlaffen und du dich nicht mehr halten kannst, verlierst die Kontrolle über deinen Körper und siehst aus, als würdest du mitten im Sommer einen Schneeengel in der Luft zeichnen.

Deine Lachfalten sind ein handfester Beweis, dass Falten schön sind. Durch dein Lachen verschwindet die Welt. Deinetwegen leuchtet die Welt auf. Die Sonne geht beschämt unter, wenn das Lächeln über deine Lippen huscht. Dann verlieren der Anfang und das Ende ihre Bedeutung. Die Zeit vergisst zu verstreichen. Du bist wahrscheinlich der Grund, warum es in der Sprache ein Wort wie »Herzlichkeit« gibt. Du bist der Grund, warum die Sprache versagt, wenn dein schallendes Gelächter Bände spricht.

Wie schön, dass es dich gibt! Wie sinnvoll, mit dir die kleinen Sinnlosigkeiten zu genießen! Wie reich du bist und wie reich du mich gemacht hast!

Ich dachte lange, dich zu kennen. Ich dachte, du hast das Lachen erfunden und kennst nichts anderes. Bis du diesen einen Satz sagtest. Beiläufig und hinter deinem immerwährenden Lächeln versteckt. So beiläufig, als ob du beim Essen nach dem Salz fragen würdest. Du sagtest, du hättest Depressionen.

Ein Abgrund tat sich vor uns auf und du drohtest, abzustürzen. Du hast dich mit einer Hand an der Kante der Felswand gehalten, der Tod winkte schon aus der Tiefe. Und du hast mir zugelächelt, als sei nichts gewesen, als sei alles in Ordnung. Mir stockte der Atem. Ich habe nach deiner Hand gegriffen, hab dir Zuversicht zugerufen, die in der Tiefe verhallte. Und du hast nicht aufgehört zu lächeln. Du hast sogar ab und an gelacht. Du bist wunderschön, wenn du lachst. Du sagtest: »Schau mal. Da ist eine Blume an der Felswand.« Du zeigtest mir die Freude, wo ich sie am wenigsten erwartete. Ich musste zwangsläufig lächeln. Du sagtest: »Es ist schön, wenn ich dich zum Lächeln bringe.« Dann lachtest du auf. Und ich sagte: »Lach bitte nicht. Du hängst am Abgrund und deine Muskeln könnten erschlaffen.«

Wir haben es irgendwie geschafft. Du hast dich wieder hochgezogen. Die Gefahr ist fürs Erste gebannt. Jetzt sehe ich dein Lachen mit anderen Augen. Ich habe gesehen, dass sich viele abgewandt haben, als du ihnen einen Blick hinter dein Lachen gewährt hast. Und du hast an dir gezweifelt, gesagt, dass du es nicht wert bist, geliebt zu werden. Dann hast du an uns gezweifelt und mich gefragt, warum ich dir nicht auch den Rücken kehre. Damals hatte ich keine Antwort parat. Aber jetzt weiß ich es. Ansatzweise.

Ich finde es faszinierend, dass du selbst beim Weinen dein Lächeln nicht aufgibst. Ich habe das für eine poetische

Übertreibung gehalten. Aber du hast mir gezeigt, dass Poesie nicht immer fiktional ist. Ich werde nicht auf dich verzichten, weil ich von dir lernen will, am Abgrund die Blume an der Felswand zu bestaunen, weil ich dich bewundere, wie du dir den Mut täglich erarbeitest, weil dein Herz so groß ist, dass allerlei Gefühle in ihm Platz finden. Manchmal denke ich, dass diese Welt dich nicht verdient hat, dass du von einem anderen Planeten kommst. Es ist wunderschön, dass es dich auf diesem Planeten gibt, denn wie öde wäre er ohne dein Lachen, ohne dein Weinen, ohne deinen scharfen Verstand und ohne dich.

Horst vollführt spektakuläre Stunts auf dem Balkon. Er fliegt zwei bis drei Meter hoch, dreht sich um und lässt sich rückwärts auf den Balkonboden knallen. Er wiederholt diese artistischen Einlagen in der Hoffnung, die Kamera auf seinem Rücken zu zerstören. Sie ist aber bestens geschützt. Außer ein paar kleinen Kratzern an der Schutzhülle kriegt die Kamera nicht den geringsten Schaden ab. Beim letzten Versuch bleibt er auf dem Rücken liegen, breitet seine Flügel aus und stößt einen ohrenbetäubenden Schrei aus. Als ich die Balkontür aufmache, rappelt er sich auf und fliegt davon.

Ich ziehe mich um, um spazieren zu gehen. Larissa fragt mich, ob ich sie mitnehmen kann. Ihr Gewicht macht mir nichts aus. Der Blumentopf hat eine humane Größe, aber ich muss aufpassen, dass sich ihre Dornen nicht in meinem Pullover verhaken oder gar meine Schmerzrezeptoren erreichen.

»Ich bin gerade unfassbar reizüberflutet«, merkt sie nach den ersten Schritten an. »Ich weiß nicht, ob ich das schön finde oder ob mich der Spaß in den Wahnsinn treibt. Und diese Erschütterungen tragen dazu bei, dass ich eine Art Übelkeit empfinde.«

»Wir können jederzeit umkehren.«

»Schon gut! Alles noch im Bereich des Erträglichen.« Nach weiteren zehn Schritten meldet sich Larissa panisch zu Wort. »Können wir bitte doch nach Hause. Ich halte das nicht mehr aus.«

Im Zeitlupenmodus trete ich den Nachhauseweg an und ver-

suche, jede Art Erschütterung zu vermeiden. Im Wohnzimmer angekommen, stelle ich Larissa wieder auf ihren Platz am Fenster.

Larissa atmet erleichtert auf: »Puh, das war ja mal eine Weltreise mit ungeahnten Dimensionen.«

»Wir sind nicht mal bis zum nächsten Block gekommen.«

»Für mich war das ein Trott um den Globus und genug für die nächsten 25 Jahre. Ich bin als Wurzelschläger nicht dafür gemacht. Ich muss zugeben, die zehntausend Schritte, die du am Tag machst, sind beneidenswert.«

»Danke, aber ich würde dir jetzt die Geschichte eines Mannes erzählen, der eines Tages deutlich mehr Schritte gemacht hat, bevor er in die Geschichte eingegangen ist ...«

Pheidippides
Eine griechische Tragödie

Der Marathonlauf geht auf eine Legende zurück, die ich tragisch finde. Genau genommen ist die Geschichte auf drei verschiedenen Ebenen tragisch. Zuerst sei eine kurze Zusammenfassung gegeben: Im antiken Griechenland gibt es in der Nähe von Athen eine Schlacht. Die Griechen siegen. Aus den Reihen der Sieger macht sich ein Bote auf den Weg nach Athen, um die frohe Botschaft zu überbringen. Nach einem ungefähr 40 Kilometer langen Lauf kommt er in Athen an und ruft: »Wir haben gesiegt!«, und fällt dann tot um.

Die erste tragische Ebene:

Die Griechen mögen gesiegt haben, aber für den Boten ist doch die größte Niederlage seines Lebens eingetreten. Warum ist er überhaupt gelaufen? Sie haben doch gesiegt. Gab es aus den Reihen der Besiegten kein Pferd, das er sich hätte schnappen können? Und was ist mit einer Pause? Zehn Minuten Verzögerung hätten jetzt den Braten auch nicht fett gemacht. Eine zehnmünütige Pause und er hätte weitergelebt.

Für den Ausruf eines einzigen Satzes opferte er sein Leben: »Wir haben gesiegt!« War es das wert? Es ist so, als würde ich nach meinem Studium in Berlin loslaufen, um nach Braunschweig zu gelangen, wo meine Eltern leben. Völlig erschöpft würde ich bei ihnen zu Hause ankommen und rufen: »Ich habe meinen Bachelor!« Dann fiele ich tot um. Das wäre tragisch, aber weniger episch.

Die zweite tragische Ebene:

Nach dem Vorfall bei Marathon gab es Leute, die sich gedacht haben: »Diese Geschichte ist schrecklich und traurig. Da bleibt uns natürlich nichts anderes übrig, als daraus einen Wettbewerb zu machen. Wir lassen jetzt nicht nur *einen* Menschen diese bedauerlich lange Strecke laufen, sondern ganz viele und schauen dann, wie viele von ihnen am Ende tot umfallen. Das ist doch eine Idee, oder? Unser Bote hatte einen Grund. Er wollte eine frohe Botschaft übermitteln. Wir aber lassen beim sportlichen Ereignis die Teilnehmenden grundlos laufen. Na gut, sie kriegen ›Medaillen‹, aber auch nur die ersten drei Überlebenden. Und wir packen noch zwei Kilometer obendrauf!« Die Moral von der Geschicht des Marathonvorfalls ist höchst fragwürdig.

Die dritte tragische Ebene:

Nehmen wir mal an, dass der Bote eine heroische Heldentat vollbracht hat. Ich würde persönlich nicht so weit gehen und seine Leistung als heroisch bezeichnen. Das war einfach dumm, aber nehmen wir mal an, er war ein Held. Jetzt hat man einen Wettbewerb ins Leben gerufen, der an seine Geschichte erinnert, und das Tragische ist, dass dieser Wettbewerb nicht mal nach ihm benannt wird! Der Ort Marathon war anscheinend wichtiger als der Protagonist. Demzufolge kann ich mir ausmalen, wie die Szene kurz nach seinem Ableben ausgesehen haben muss: »Yeah, wir haben gesiegt! Aber wer ist überhaupt der Typ, der da ziemlich tot auf dem Boden liegt?«

Pheidippides hieß der Mann. Deswegen auch der Titel meines Textes. Ich wollte ihn 2.500 Jahre nach seinem Tod einmal erwähnt haben. Bruder, deine Leistung war hoch fragwürdig, aber ganz vergessen bist du nicht. Also ein Hoch auf dich und auf die Trostmedaille, die du allemal verdient hättest!

PS:
Über unseren Helden gibt es eine zweite Geschichte, die sich weniger durchgesetzt hat als die Legende, die den meisten bekannt ist. Laut Herodot lief Pheidippides nicht nach, sondern vor der Schlacht bei Marathon nach Sparta, um um Hilfe zu ersuchen. Die zurückgelegte Strecke betrug 245 Kilometer. Ungefähr die Strecke, die ich von Berlin nach Brauschweig laufen müsste, um zu rufen: »Ich habe meinen Bachelor!«

»Wie hat man den ersten Menschen überzeugt, bestimmte Dinge zu tun?«, fragt Larissa.

»Was für Dinge?«

»Na ja, Reiten zum Beispiel. Wie hat man jemanden überzeugt, sich auf ein wildes Tier zu schwingen und loszureiten? Das kostet Überzeugungsarbeit. Vielleicht ist das so abgelaufen: ›Siehst du das wilde Tier da? Pferde nennt man sie, oder? Schau, wie anmutig sie sind. Sieht das nicht wie pure Freiheit aus, wie sie über die Prärie laufen? Wie ihre Mähne im Wind flattert! Da kann man glatt neidisch werden. Ich würde das auch gerne nachempfinden. Ich möchte wissen, wie es sich anfühlt, wenn man Wind in den Haaren hat. Schau dir doch diese formschöne Kuhle auf ihren Rücken an! Ich würde sagen, da passt ein Mensch locker drauf. Mit den Händen die Mähne festhalten und ab geht die wilde Fahrt! Theoretisch schön, nicht? Willst du das ausprobieren? ... Ich kann das nicht. Ich bin alt und gebrechlich. Dass ich überhaupt 31 geworden bin, grenzt schon an ein Wunder. Du bist noch ein junger Hüpfer ... Ja, das sind wilde Tiere und sie laufen vor dir weg, deswegen musst du erst ihr Vertrauen gewinnen ... Mit einem Apfel vielleicht ...‹ (Wochen später) ›Das Tier hat sich an uns gewöhnt. Jetzt musst du dich nur auf das Tier schwingen ... Wie du da hochkommst? Ich mache dir eine Räuberleiter ... Autsch! Das hat bestimmt wehgetan, aber du musst es noch mal versuchen ... Doch, das wird gehen! Vertrau mir einfach! Das

Pferd wird dich immer wieder von seinem Rücken schmeißen und das kann jedes Mal wehtun, aber irgendwann wird es sich reiten lassen ...‹«

»Das stimmt! Wie hat man den armen Schlucker dazu gekriegt, sich freiwillig diesen Torturen auszusetzen?«

»Bestimmt nicht mit einem Apfel!«

»Glaube ich auch. Sag mal, ist es dir auch so kalt gerade?«

Schmiegen statt schmieden

Ich sitze am Schreibtisch und versuche, meine Gedanken zu sammeln. Das geht aber nicht. Die Heizung hat den Geist aufgegeben. Ich nehme sie bei der Röhre und schüttele sie kräftig, schreie ihr zu: »Bleib bei mir! Du darfst nicht einschlafen.« Keine Reaktion.

Es ist so kalt, dass ich Beethovens Fünfte mit meinen Zähnen klappern kann. Ich ziehe mir alles über, was ich in die Finger kriege. Keine Chance! Die Kälte lässt sich nicht abschütteln.

Meine Frau hat einen warmen Platz unter der Decke gefunden. Auf dem Weg zur Toilette erblickt sie meinen bedauerlichen Zustand. Im Vorbeigehen ruft sie mir zu: »Nimm doch eine Wärmflasche!«

Ich schaue sie entgeistert an. Hat sie das gerade wirklich gesagt? Ich sage nur: »Nein, danke! Das geht schon.« Und sie zuckt mit den Schultern.

So weit, so gut!
So ist die Geschichte aber langweilig. Ich muss die Dramaturgie ein bisschen aufpeppen. Aber wie? Ich könnte auf die Aussage meiner Frau anders reagieren. Zum Beispiel mit aristokratischem Gehabe. Ja! Das ist gut! Und halte dann eine schwungvolle Rede.

Okay, neuer Versuch:

Im Vorbeigehen ruft mir meine Frau zu: »Nimm doch eine Wärmflasche!«

»Waaas? Eine Wärmflasche? Was habet Ihr Euch dabei gedächt? Eine bodenlose Frechtheit! Ja! Frechtheit! Wir sind empört als Mann! Hochgradig empört. Vielleicht seht Ihr es mir nicht an, weil ich meine Affekte zu beherrschen weiß, aber ... Pfui! Vermaledeit! Eine Wärmflasche? Ihr habet den Mann in seiner Ehre blessiert.

Ein Mann benötiget keine Wärme von außen, er strahlet Wärme nach außen aus. Ein Mann benutzet keine Wärmflasche, er wärmet die Flasche mit seinen bloßen Händen auf!

Was ritt Euch? Eine Wärmflasche! Näherte ich mich einer Wärmflasche bloß geringen Abstandes, würden meine Barthaare unverzüglich ausfallen. Fürderhin: Haare! Weshalb habe ich Haare auf der Brust? Diese prächtige Wolldecke ist geheißen, einen natürlichen Schutzwall zu bilden, um meine Körperwärme zu dämmen.

Dann auch noch unverhältnismäßig Aufwand treiben! Aufstehen, sich in die Küch' begeben, Wasser erhitzen, umfüllen, die Flasch' zuschrauben. Das sind Tätigkeiten für niedere Stände und Leibeigene! Wozu der ganze Frondienst? Damit ich mich am Ende *etwas* wohler fühle?!? Ein Mann kennet kein Etwas. Er kennet nur alles oder nichts. Entweder werdet es mir warm oder ich sterbe.

Zudem: Was tut man mit einer Wärmflasche? Sich an sie schmiegen! Ich schmiege mich nicht. Grundsätzlich nicht. Schmiegen heißt, Schwäche zu zeigen. Ich gehe lieber schmieden. Mit Feuer, Eisen und Co. Dann werde es mir auch wieder warm!«

So beende ich meine Rede und nehme wieder Platz, nachdem ich meine Rage mit Bravour hätte mäßigen haben wollen würden gesolltet.

So viel zu dieser aufgeblasenen Figur. Das musste aber sein. Ich musste die Realität ein wenig manipulieren, damit mein trister Alltag nach etwas aussieht. Im wirklichen Leben wird sich die Geschichte wahrscheinlich in etwa so abspielen:

Meine Frau kommt von der Toilette zurück. Im Vorbeigehen sagt sie: »Mir ist immer noch kalt.«

Und ich sage: »Ich mach dir eine Wärmflasche. Mir ist auch furchtbar kalt. Kann ich mich dann an dich anschmiegen?«

»Was ist dein Lieblingskleidungsstück?«, fragt mich Larissa.

»Im Winter Socken, im Sommer die Bauchtasche. Es geht nichts über warme Füße, wenn es kalt ist. Bei der Hitze allerdings degradieren die Socken zum allerletzten Stoffmaterial, was ich an meinem Körper haben will. Der Sommer hat einen einzigen Nachteil. Aufgrund der Hitze trage ich weniger Klamotten und mit der Abnahme der Kleidungsstücke fehlen die Taschen, in denen ich meinen Kram verstauen kann. Die Bauchtasche ist die Retterin in der Not.«

»Bei mir ist es die Mütze. Allein aus dem Grund, dass eine Mütze auf dem Kopf eines Kaktus ziemlich putzig aussähe.«

»Dazu noch eine kurze Hose und die Leute werden dich lieben.«

»Ich dachte, Liebe geht durch den Magen. Oder geht Liebe auch durch die Kleidung?«

»Nein, Kleidung machen Leute.«

»Nein, Kleider machen Leute. So ist das richtig.«

»Ich finde es besser, wenn es heißt, Kleidung machen Leute. Ein Kleid ist zu spezifisch. Die Kleidung beinhaltet alle Kleidungsstücke.«

»Redewendungen und Sprichwörter sind schon dufte, aber viele von ihnen verlieren ihren Sinn und Glanz, wenn du sie weiterdenkst ...«

»Das ist jetzt in aller Leute Mund.«

»Morgenstund hat Gold im Mund.«

Kleinkunst macht auch Mist

Alle Wege führen nach Rom ...

Wenn du nach Rom willst, dann ja. Was aber, wenn das Ziel Nairobi ist? Dann führen alle Wege hoffentlich nach Nairobi.

»Meine Damen und Herren, hier spricht Ihr Kapitän! In Kürze erreichen wir Rom. Ich hoffe, Sie hatten einen angenehmen Flug.«

»Bitte was? Ich will aber nach Nairobi ...«

»Beruhigen Sie sich bitte! Wir halten uns nur an die Vorschriften, und die lauten: Alle Wege führen nach Rom.«

»Aber wie komme ich nach Nairobi?«

»Wir peilen zuerst Rom an. Sie können ja in Rom umsteigen und den Flug nach Kenia nehmen. Aber wenn sich alle vorschriftsmäßig verhalten, dann wird auch das Flugzeug eine Runde drehen und wieder in Rom landen, denn alle Wege ...«

»... führen nach Rom. Das habe ich jetzt kapiert. Aber ich kann zumindest wieder nach Hause fliegen, oder?«

»Ich fürchte nein. Einmal das Zuhause verlassen, werden Sie nur noch nach Rom fahren. Perpetuum mobile, wenn wir bei Latein bleiben wollen ...«

Hunde, die bellen, beißen nicht ...

Ich wähle die Notrufnummer. »Einen wunderschönen guten Tag! Ich habe ein Problem. Ich war spazieren und genoss die ersten Sonnenstrahlen des Jahres. Auf einmal sah ich wie aus dem Nichts einen Schäferhund auf mich zulaufen. Er sah hochgradig aggressiv aus. Zu meiner Beruhigung stellte ich fest, dass er fürchterlich bellt. Ein Sprichwort sagt nur die Wahrheit, dachte ich. Jetzt habe ich einen beißenden Hund an der Wade, die fast ganz weggebissen ist. Immerhin: Der Hund bellt nicht mehr, er kaut nur noch. Bitte helfen Sie mir!«

Liebe geht durch den Magen ...

Und das Endprodukt des Verdauungsprozesses ist uns allen bekannt. Man könnte auch sagen, Liebe geht durch den Magen und endet kacke.

Alles Gute kommt von oben ...

Ich habe starke Zweifel. Die Vogelkacke kommt von oben. Sie ist nicht gut, sondern eklig. Ein Blitz kommt von oben. Sehr schmerzhaft, wenn man betroffen ist und getroffen wird. Befehle und Anweisungen kommen von oben. Manchmal sind sie gar nicht gut.

Was gut ist und was nicht, ist ja auch teilweise sehr subjektiv. Koriander finde ich gut. Viele andere finden ihn gar nicht gut. Auch wenn der Koriander gar nicht von oben kommt, aber man kann nicht pauschal behaupten, was gut ist und was nicht.

Kommt im Umkehrschluss alles Schlechte dann von unten? Larissa kommt von unten. Also sie wächst von unten nach oben. Ich finde sie ganz und gar nicht schlecht. Lukas Podolski kommt von ganz unten.

Diese Redewendung hinkt an allen Ecken und Enden. Vielleicht sollte man sie ganz verwerfen. Wie einen Plan, der nicht funktioniert. Oder man überlegt sich einen Plan B, in dem Fall eine Redewendung B. Wir können die ersten zwei Wörter nehmen und den Rest fallen lassen. Alles Gute! Zugegebenermaßen gibt es das ja schon. Zu feierlichen Anlässen benutzt man den Ausdruck. Aber man könnte ihn mehr in den Alltag integrieren und sich zu jedem erfolgreichen Anlass alles Gute wünschen. Wenn jemand aus dem Bett kommt, kann man sagen: »Alles Gute zum Aufstehen! Das ist eine reife Leistung. Ich schaffe das nicht immer problemlos.« Nach dem Essen kann man sich alles Gute zur Verdauung wünschen. Vor dem Geschlechtsverkehr alles Gute zu ... Einfach alles Gute!

Wie ein Baby schlafen ...

Was soll das heißen? Alle zwei Stunden wach werden und das ganze Haus zusammenschreien? Es wäre wünschenswert, wie ein erwachsener Mensch zu schlafen, der windelfrei durch die Nacht kommt und zwischendurch nicht gestillt werden muss. Unabhängig von anderen Menschen schlafen zu können, wäre das Mindeste, was man von einem Erwachsenen erwarten darf. Wie ein Stein schlafen ist der Sache eindeutig dienlicher, als wie ein Baby zu schlafen.

Am Abend wird der Faule fleißig ...

Ist er jetzt faul oder nicht? Ein Fauler, der fleißig wird, ist nicht faul. Egal ob abends oder morgens.

Kleinvieh macht auch Mist ...

Wenn ich ein Sprichwort zum deutschesten aller Sprichwörter küren müsste, dann würde ich mich für dieses entscheiden, denn es ist die Quelle des Übels: »Du schuldest mir 51 Cent.« Ich würde allen dringend davon abraten, erstens, sich überhaupt solche Unsummen zu merken, und zweitens, sie zurückzuverlangen. Glaubt mir, eure Würde ist wesentlich mehr wert als 51 Cent.

Das Ende der Ente ist der Anfang von Walfang ...

Dieses Sprichwort ist meine eigene Erfindung. Über die genaue Bedeutung streite ich noch mit mir selbst. Nur, ich mag die Melodie dieses Satzes unheimlich gerne. Manchmal muss man einen Satz auch vielleicht wie ein Musikstück betrachten. Einfach genießen und die Analyse hintanstellen. Beim Hören eines klassischen Stücks frage ich mich auch nicht, warum die Tonart gerade aus dem A-Moll ins D-Moll gewechselt und es langsamer geworden ist. Ich gebe mich meinen Emotionen hin. Die Notenanalyse kann später folgen. Wenn überhaupt. Deswegen würde ich diesen Satz hier analysefrei stehen lassen und den reinen Klang hervorheben:

Das Ende
der Ente
ist der Anfang
von Walfang.

Diesen Text anhören:
https://satyr-verlag.de/audio/halimi3.mp3

»Ich würde dir gern ein paar Fragen stellen«, sagt Larissa. »Und ich möchte, dass du sie beantwortest, ohne lange darüber nachzudenken.«

»Alles klar.«

»Nenne mir einen Fachbegriff aus der Schulzeit, der bei dir im Gedächtnis hängen geblieben ist.«

»Endoplasmatisches Retikulum.«

»Wenn wir schon bei einer Zelle sind: Wie würdest du eine Zelle nach ihrem Befinden fragen?«

»Na, Zelle, wie geht es deinen Mitochondrien? Ich will dir ja nicht zu nahe treten, aber du siehst ganz schön semipermeabel aus!«

»Wie würde ein atomares Wettrüsten heißen, das an der Antarktis stattfindet?«

»Der arschkalte Krieg.«

»Was würde das Klopapier für einen Beruf ausüben, wenn es arbeiten müsste?«

»Spurensicherung.«

»Fledermäuse kennen das Geschlecht ihres Nachwuchses bereits vor der Geburt. Warum?«

»Weil sie Ultraschall haben.«

»Was kann eine Eintagsfliege nicht?«

»Eine Nacht drüber schlafen.«

»Wer kann mit nur zehn Schritten zehntausend Schritte am Tag machen?«

»Ein Tausendfüßler.«

»Triff eine findige Aussage über Eier.«

»Im Eigelb ist mehr Eiweiß als im Eiweiß.«

»Was machen Kletterpflanzen in Berlin?«

»Bouldern.«

»Welche historische Figur war dunkelhäutig, wurde aber im Laufe der Zeit weißer als andere Weiße?«

Das weiße Wunder

Ich hab nichts gegen Jesus, aber ... ich hab was dagegen, wie er abgebildet wird.

Schaut man sich ein Bild von ihm an, dann fällt auf: Er ist viel zu *weiß*.

Der Mann kommt aus dem Nahen Osten. Er müsste eigentlich so aussehen wie mein Kumpel Hassan.

Jesus aus Bethlehem sieht auf Bildern nicht aus wie Jesus aus Bethlehem, sondern wie Jochen aus Recklinghausen.

In Jerusalem ballert die Sonne erbarmungslos. Hätte der Messias so ausgesehen wie auf den Bildern, hätte er mindestens den Lichtschutzfaktor 50 gebraucht. Wäre Jesus weiß, würde er Wasser nicht in Wein verwandeln, sondern in Sonnencreme!

Vielleicht wurde in der Bibel auch deswegen so viel gesalbt und geölt. Als Schutzmittel. »Judas, komm ma her. Du hast den Fußrücken vergessen. Das ist eine empfindliche Stelle. Lass mich deine Füße salben.«

Wenn Jesus weiß gewesen wäre, hätte man ihn nicht gekreuzigt. Er hätte zwei Jahre Haft bekommen. Auf Bewährung.

Kennt ihr das teuerste Gemälde der Welt? »Salvator mundi« heißt das. Angeblich von Leonardo da Vinci. Und was ist darauf zu sehen? Ein lupenweißer Jesus. Da Vinci war ein kluger Mann. Ein Universalgelehrter. Er hat einen Prototyp vom Hubschrauber entworfen. Im 16. Jahrhundert. Aber als es darum ging, Jesus abzubilden, hat er sich dumm angestellt. »Nein, Jesus kann nicht aussehen wie ein Mustafa. Wo kämen wir denn da hin? Und wenn der Sohn Gottes weiß ist, dann muss Gott auch weiß sein. Und seine ganzen Engel sowieso.«

Ich frage mich, wie Jesus reagieren würde, wenn er vor einem seiner Bilder steht: »Ah ja, das soll ich sein? Sa ma, geht's noch? Wer ist dat denn? Jochen aus Recklinghausen? Guckt mich doch mal an. Ich hab schwarzes, krauses Haar und eine dunkle, ledrige Haut. Meine Nase ist ein bisschen schief. Und ich steh dazu. Malt mich so, wie ich bin!

Und übrigens, wenn wir schon dabei sind: Warum hänge ich überall am Kreuz? Habt ihr kein besseres Motiv gefunden? Muss ich denn immer so leidend aussehen? Nehmt euch mal ein Beispiel an Buddhisten. Guckt mal, wie zufrieden der Buddha immer grinst. Das hätte ich auch gerne!«

Man sagt, ein Bild sagt mehr als tausend Worte. Tausend Worte, die zu einer Geschichte werden und die Geschichte zu einem Weltbild. Weiß ist die Farbe der Reinheit und der Unschuld. Das haben die Gelehrten in Europa jahrhundertelang gelehrt. Deswegen sind die weißen Menschen auch rein und unschuldig.

Zeitsprung.

Es war Anfang der Nullerjahre, als die *Herr-der-Ringe*-Trilogie in den Kinos lief und viele begeisterte. Auch ich habe sie alle im Kino gesehen. Nach dem dritten Teil war ich wütend. Mir war die Rollenaufteilung aufgefallen. Auf der einen Seite die gute und gerechte Seite, die ausschließlich weiß war, und auf der anderen Seite die dunkle Macht. Besonders eine Szene blieb mir im Gedächtnis. Frodo kauert auf einem Berg vor dem Haupttor in Mordor und schaut der mächtigen Armee von Sauron zu. Er kommt ins Straucheln und erregt die Aufmerksamkeit eines Kriegers der dunklen Macht, der in seine Richtung schaut. Und? Wie sieht er aus? Seine Tracht erinnert an einen arabischen Krieger aus dem Mittelalter. Die mit schwarzem Kajalstift geschminkten Augen lassen seine dunklen Augen leuchten.

Nach dem Film war ich wütend, weil jemand, der so aussah wie ich, in die Ecke der dunklen Macht gedrängt wurde.

Man sagt, ein Bild sagt mehr als tausend Worte. Was aber, wenn aus einem Bild Tausende werden? Dann sagen sie Millionen von Worten, die die Gedanken formen, Weltbilder produzieren. Ich glaube, das größte Wunder, das Jesus vollbracht hat, war nicht, Wasser in Wein, sondern sich selbst posthum in einen weißen Mann zu verwandeln. Ich glaube, die größte Niederlage in der Mittelerde fand nicht zwischen der Armee des Guten und der Armee des Bösen statt, sondern in der Darstellung der Farben.

Man sagt, ein Bild sagt mehr als tausend Worte. Es ist Zeit, neue Bilder zu zeichnen. Bunt und voller Vielfalt. Lasst uns Jesus in Regenbogenfarben zeichnen, den Gott dunkel anmalen. Denn erst die Farben machen aus einer weißen Leinwand ein Bild.

 *Diesen Text anschauen:*
https://youtu.be/BRUCXizyDlc

Horst hat sich seit dem Vorfall auf dem Balkon, als er verzweifelt versucht hat, die Kamera zu demolieren, nicht mehr blicken lassen. Ich mache mir langsam Sorgen, dass er sich zu einem waghalsigen Manöver hinreißen lässt, das ihn gefährden könnte. Ich würde ihn gerne anrufen, aber Horst hat sein Handy entsorgt. Er hat eine Abneigung gegenüber jeglichem technischem Gerät entwickelt, seit er die Kamera auf dem Rücken trägt. Ich bin froh, dass Larissa da ist und mich auf andere Gedanken bringt.

»Welche Sätze sind typisch für jemanden, der langsam in die Jahre kommt?«, möchte Larissa wissen.

»Ich muss eine Nacht drüber schlafen.«

»Ich brauche wetterfeste Schuhe.«

»Ich würde das lieber gleich erledigen.«

»Ich habe feste Schlafzeiten.«

»Die Einladung zu deiner WG-Party nehme ich dankend an. Ich kann noch nicht sagen, ob ich vorbeischaue. Muss eine Nacht drüber schlafen.«

»Zimmerpflanzen steigern die Lebensqualität.«

»Da muss ich leider zur Zahnreinigung.«

»Will ich das wirklich?«

»Ich gehe gerne spazieren.«

»Meine Hausärztin trinkt gerne Rotwein.«

»Ganz typisch ist auch, Sätze einzuleiten mit ›Früher ...‹ oder ›Weißt du noch ...‹. Ich werde gleich einen Satz mit ›früher‹ an-

fangen. Nicht dass ich sagen will, früher sei alles besser gewesen, sondern ich habe halt ein paar Jahre gelebt und da gibt es inzwischen sehr viel ›Früher‹, das heute nicht mehr ist. Früher haben die Leute ihre Verwandten und Bekannten gegrüßt, wenn sie vor einer Fernsehkamera gelandet sind. Ich fand das süß. Das möchte ich jetzt auch machen, aber nicht vor der Kamera, sondern hier im Buch. Ich würde gerne meine Familie grüßen, und zwar in Form zweier Texte. Im ersten richtet sich mein Gruß an meine Mutter, meine Großmutter, meine Urgroßmutter, meine Cousine und meine Tante. Im zweiten möchte ich gerne meinen Bruder grüßen.«

Frau, Leben, Freiheit
Aus der Sicht eines Mannes

Ich kenne eine Frau. Sagen wir mal, sie ist meine Mutter. Groß gewachsen, aufrechte Haltung. Sie hat eine klare Stimme und wenn ihr etwas nicht passt, dann wird man es merken. Sie hat eine klare Position zu Dingen, die sie betreffen. Vertritt deutlich ihre Meinung und fürchtet ihr Gegenüber nicht.

Ich kenne diese Frau nicht, bevor es mich gab, aber es gibt Fotos: Auf einem sitzt sie irgendwo draußen auf einer Wiese und spielt Trompete. Ich kann den klaren Klang hören, vielleicht ein bisschen schief, aber klar wie ihre Stimme. Sie trägt Jeans, eine Bluse und ihre lockigen Haare nehmen selbstbewusst ihren Raum ein.

Auf einem anderen Foto tanzt sie auf ihrer Hochzeit. Alleine. Sie sieht so glücklich aus, als hätte sie nicht einen Mann, sondern das Glück selbst geheiratet. Aber das Glück erlosch kurze Zeit darauf. Wie eine Glühbirne ausgeknipst. Denn sie hatte einen Mann geheiratet, der politische Ideale hatte. In einer Zeit, wo die meisten Ideale ausgeknipst wurden. Es war kurz nach einer Revolution, die nicht nur ihre Kinder fraß, sondern gesamte Familien. Die Revolution verschlang meinen Vater, und meine Mutter stand plötzlich da: allein gelassen mit 27 Jahren, mit ihrer Trauer und mit zwei kleinen Söhnen. In einer von Krieg gezeichneten und von der Männlichkeit dominierten Gesellschaft. Sie kämpfte sich aber durch. Setzte sich durch. Bäumte sich gegen Widerstände auf, überwand viele Hindernisse. Wäre sie eine Leichtathletin, wäre sie eine perfekte Kandidatin für den Hindernislauf. Aber Treppchen und Medaillen interessierten sie nicht. Ihr Lauf hatte keine sichtbare Ziellinie. Sie lief weiter.

Ich kannte eine Frau. Sagen wir mal, sie war meine Großmutter. Als Kind überlebte sie die Pocken. Ihr Gesicht war furchtbar vernarbt. Auf den ersten Blick Furcht einflößend. Aber sie konnte Liebe lächeln. Die Liebe hatte ein Nest in ihren Augen. Sodass die Pockennarben ihr Gesicht seltsam schön machten. Wenn sie lachte, verschwand die Welt hinter ihrer Herzlichkeit. Ich kannte niemanden, der so gläubig war. Sie betete, fastete und lobpreiste ihren Gott. Ich kannte niemanden, der so tolerant war. Sie betete für alle und lobpreiste den Menschen. Sie schrieb niemandem vor, was der richtige Glaube sei. Mit drei Jahren saß ich neben ihrem Gebetsteppich und schaute ihr zu, während sie immer wieder den Namen ihres Gottes rief. Nach dem Gebet nahm sie mich in den Arm und ich nannte sie »Maman Allah«. Sie lachte auf, ihr Körper bebte, schlug Wellen. Und für einen Augenblick verschwand die Welt hinter ihrer Herzlichkeit.

Ich kannte eine Frau. Sagen wir, sie war meine Urgroßmutter. Als Kind dachte ich, sie ist so alt wie die Welt. In jeder Falte ihres Gesichts versteckte sie eine Geschichte. Zu jeder Lebenslage fiel ihr eine Geschichte ein und man wusste nie, welche sie sich ausdachte und welche sie selbst erlebt hatte. Sie war so alt wie die Welt und so weise wie hundert alte Männer zusammen. Wenn sie keine Geschichten erzählte, warf sie mit Redewendungen und Weisheiten um sich. Ich glaube, sie konnte keine normalen Sätze sprechen. Viele Redewendungen hörte ich nie wieder und ich bin mir sicher, sie erfand ihre eigenen. Trocken und derb, anrüchig und nicht für Kinderohren geeignet. »Wer im Alter keine Falten am Arsch hat, hat sich im Leben zu viel gebückt.« Ich kann mich nicht erinnern, dass sie sich bewegte. Sie saß immer auf der Veranda, schlürfte ihren Tee und ruhte in sich. Wie ein Buddha mit Kopftuch. Irgendwann war sie nicht mehr da. Ich kann mich nicht erinnern, dass sie gestorben ist. Das konnte sie auch nicht. Sie war so alt wie die Welt und wird so lange sein, wie die Welt ist.

Ich kenne eine Frau. Sagen wir mal, sie ist meine Tante. In den Achtzigerjahren aufgewachsen, ging sie mit der Mode. Der Geruch von ihrem Haarspray steckt noch in meiner Nase. Ihre aufwendig hergerichteten Frisuren bauschten ihr Kopftuch auf, wenn sie das Haus verließ. Sie lackierte ihre Fingernägel, schminkte sich, auch wenn die Medien ständig predigten, die Frauen mögen das unterlassen. Sie interessierte sich nicht für die Weltpolitik, aber sie ließ nicht zu, dass die Politik ihren Lebensstil infrage stellte. Sie besorgte sich illegal Audiokassetten und brachte die westliche Popmusik in unser Wohnzimmer. Sie tanzte gerne, feierte gerne das Leben. Sie besorgte sich Hollywood- und Bollywood-Streifen. Verbotenes Material. So bekam ich einen Einblick in die verbotene westliche Welt. Sie war nicht bereit, sich einer Welt zu verschließen, die die Machthabenden verteufelten.

Ich kenne eine Frau. Sagen wir mal, sie ist meine Cousine. Aber eigentlich ist sie mehr als eine Cousine. Sie kommt einer Schwester näher, weil wir in einem Haushalt zusammenlebten, als sie geboren wurde. Ich habe sie aufwachsen sehen, bis wir nach Deutschland aufgebrochen sind. Kurze Zeit später kam sie glücklicherweise nach, sodass der geografische Keil, der uns brutal zwischen die Herzen gerammt wurde, wieder beseitigt war. Nun ist sie erwachsen. Schlau, unfassbar witzig, charmant frech, ein soziales Ass, direkt, mitfühlend, direkt mitfühlend, stark und zerbrechlich zugleich.

Ich kenne fünf Frauen, die mit ihrem Leben die Freiheit erkämpften. Frau, Leben, Freiheit. Ihr Kampf war lange verborgen, erstreckte sich über Generationen. Frau, Leben, Freiheit. Diese Parole ist schon lange da. Manchmal versteckt hinter einem schwarzen Tschador, manchmal huschte sie über roten Lippenstift. Mal lag sie in einem Blick, mal in einem stolzen Gang. Manchmal war sie das Zupfen eines Saiteninstruments, manchmal schlummerte sie in einer Teetasse. Frau, Leben, Freiheit. Es war manchmal und doch stetig. Es war dezent und doch unerschrocken. Frau, Leben, Freiheit. Die Parole haust zwischen meinen Erinnerungen, sie flüstert mir die Zukunft zu.

Ich kenne viele Frauen, die mit ihrem Leben die Freiheit erkämpfen. Und täglich lerne ich mehr von ihnen kennen. Sie bringen ihren Kampf mit. In ihren Einkaufstüten. Sie schreien ihren Mut heraus. Tanzend und singend. Auf der Straße, in den Redaktionen, in den Laboren, in den Schulen und an den Unis. Sie haben die Furcht am Küchenherd zurückgelassen. Sie schreiben Geschichte und hauchen den Männern neues Leben ein. Es gibt ein Video, in dem ein junger Mann zu sehen ist, der eine Parole an die Wand schreibt: »Wenn du Mann genug bist, sei eine Frau.« Die Männer werden mitgerissen. Eine Flut aus Mut kann man nicht aufhalten.

Frau, Leben, Freiheit. Das ist eine Revolution, die nicht erst vor Kurzem begann, sondern vor Generationen. Langsam, aber unnachgiebig bezwang sie eine Mauer nach der anderen, ein Hindernis nach dem anderen. Sie schleicht durch die Zeit, durch die Dogmen. Langsam, aber unnachgiebig. Siegessicher und unaufhaltsam. Und ich kann mir sehr gut vorstellen, was meine Urgroßmutter dazu sagen würde: »Aufgeben? Niemals! Aufgeben ist männlich.«

 *Diesen Text anhören:*
https://satyr-verlag.de/audio/halimi4.mp3

Wir waren Samuel L. Jackson

Diese Zeilen sind für dich, Bruder! Ich sage das Wort »Bruder« nicht wie eine Floskel, die ich meistens in Berlin benutze, wie: »Bruder, du musst hier geradeaus und dann links.« Ich sage das Wort aus dem tiefsten Herzen. Mein einzig wahrer Bruder. Eigentlich könnte ich den Anfangssatz betonen, indem ich das Wort »Bruder« semantisch verstärke: Bruder, diese Zeilen sind für dich, Bruder!

Ich habe uns eine kleine Reise gebucht. Eine Reise in die Vergangenheit. All inclusive. Pack deine Badehose ein, denn wir werden in Erinnerungen eintauchen. Ich weiß nicht, wie lange es dauern würde, wenn ich anfange, all die Erinnerungen aufzuzählen, die ich mit dir teile. Mindestens drei Minuten!

Weißt du noch, wie wir unser erstes Dreirad bekommen haben und damit vor die Tür gegangen sind? Ich setzte mich drauf und du schobst mich. Der ältere Nachbarsjunge tauchte auf und wollte uns das Dreirad wegnehmen. Ich fing an zu heulen. Du aber stelltest dich ihm in den Weg, schubstest ihn, sodass er irgendwann aufgab. Ich schaute dich mit großen Augen an und bewunderte den Mut meines zwei Jahre jüngeren Bruders. Vielleicht wurde mir damals klar, dass mein kleiner Bruder manchmal für mich der große Bruder sein würde.

Weißt du noch, wie du mich einmal so in den Wahnsinn getrieben hast, dass ich auf dich draufsprang, dich mit beiden Händen an den Ohren packte und deinen Kopf gegen den Boden schlug? Glücklicherweise war ich sehr leicht und hatte keine Kraft in meinen Ärmchen. Oder wie ich mir das Ohr zwischen der Tür und dem Türrahmen einquetschte, als ich dir hinterherjagte? Ich hatte monatelang Schmerzen, wenn irgendetwas mein Ohr berührte.

Weißt du noch, als wir mit einem Fahrrad losgefahren sind, um einen Eimer Joghurt zu kaufen? Du vorne auf der Stange, ich auf dem Sattel. Wir meisterten den ganzen Weg bravourös und dann auf den letzten Metern fuhr ich gegen die Wand und wir hatten den ganzen Joghurt im Gesicht. Wir kriegten uns vor Lachen nicht mehr ein, obwohl wir die Sanktion unserer Mutter fürchteten, die schlussendlich aber auch nur aus Lachen bestand.

Oder wie wir dem armen Gemüsehändler die Obstkisten aus Holz geklaut haben, um im Garten das größte Feuer zu machen, das die Welt je gesehen hatte?

Oder wie wir eine Grube gegraben haben, sie mit Wasser und Erde gefüllt und in einen Schlammpool verwandelt haben? Wie wir Äste und Blätter draufgelegt, den Nachbarsjungen dahin gelockt haben und wie er dann erst mit einem Bein im Schlamm steckte und uns danach gejagt hat?

Oder wie wir im alten Lehmhaus abends zusammen auf die Toilette gegangen sind, weil sie draußen war und wir die Angst zu zweit besser verjagen konnten? Wie wir im Winter in den Schnee pinkelten und mit unserem Urinstrahl die Eiskristalle wegzauberten?

Oder wir im neuen Haus, als es noch nicht fertig war, lieber das Gerüst benutzten, um in den dritten Stock zu kommen, anstatt wie ganz normale Menschen die Treppen raufzusteigen?

Oder als wir uns heimlich Feuerwerkskörper bastelten, sie ausprobierten und als wir merkten, dass sie funktionieren, herumhüpften, als hätten wir eine wissenschaftliche Entdeckung gemacht?

Oder, oder, oder? Ich merke gerade, ich würde doch über drei Minuten kommen mit meinen Erinnerungen und dabei habe ich nicht mal die Momente aufgezählt, die wir zusammen in Deutschland hatten.

Vielleicht eine letzte Anekdote aus Deutschland: Weißt du noch, als wir bei XY waren und auf dem Parkplatz neben dem Haus Fußball spielten, als auf einmal drei oder vier Polizeiautos auf den Parkplatz rauschten, Beamten mit gezückten Waffen ausstiegen und uns aufforderten, die Hände hochzuheben? Sie stellten uns an die Autos und durchsuchten uns und wir dachten, das ist ein schlechter Film. Was denn los ist, fragten wir verwirrt. Es gab eine Meldung, dass es hier einen Einbruch gibt, weil einer von uns über den Zaun des Industriegeländes geklettert ist, das neben dem Parkplatz war. Ein vorbeifahrendes Auto hatte das gesehen und die Polizei alarmiert. Dann mussten wir lächeln. Uns war der Ball auf das Gelände geflogen und wir hatten nur den Ball geholt. Dann musste XY seinen Ausweis zeigen und beweisen, dass er hier wohnt und dass alles ein Missverständnis war. Ich weiß nicht, wie es dir damals ging, aber als die Polizei abgezogen war, kam ich mir ein kleines bisschen vor wie Samuel L. Jackson in *Pulp Fiction*.

Mein Leben ist voller Sequenzen wie dieser und du, Bruder, bist einer der Hauptdarsteller in der Serie meines Lebens. Ich wollte dir Danke sagen für den Reichtum, den du mir geschenkt hast. Den Reichtum an Erinnerungen, der sich mit keinem materiellen Reichtum dieser Welt aufwiegen lässt. Wenn es ginge, würde ich damit safe an die Börse gehen. Schön, dass es dich gibt, und ich freue mich wie Bolle auf die weiteren Staffeln der Serie meines Lebens mit dir.

Horst landet auf dem Balkongeländer, hüpft herunter und klopft mit dem Schnabel gegen die Tür. Ich mache ihm die Tür auf und er huscht hinein. Er trägt keine Kamera mehr auf dem Rücken.

»Meine Damen und Herren«, verkündet er feierlich, »euer Horst meldet sich zum Dienst.«

Larissa und ich schauen uns an, bevor Larissa das Wort ergreift: »Na? Was hast du mit der Kamera angestellt?«

»Des Ballasts habe ich mich entledigt. Es war ein harter Kampf, aber ich habe ihn für mich entscheiden können.«

»Und wie genau ist das vonstattengegangen?«, frage ich.

»Als ich nach meinem letzten Versuch, die Kamera loszuwerden, verzweifelt am Boden lag, entschied ich mich, juristisch gegen die Schikanen vorzugehen, die mir angetan wurden. Also bin ich zu der nächsten Anwaltskanzlei geflogen, die ich fand. Das Fenster des Anwaltsbüros stand offen. Ich bin direkt hineingeflogen, ohne einen Termin vereinbart zu haben. Der Anwalt hatte seine Füße auf dem Schreibtisch und gönnte sich gerade eine Pause, als ich ihn überfiel. Er war verdattert, aber nicht erschrocken, als ich auf seinem Schreibtisch landete. Er hätte mich unverzüglich wieder durch das Fenster hinausscheuchen können, aber die Tatsache, dass ein Adler seinen drögen Alltag bereicherte, schien ihn davon abzuhalten. Ich schilderte ihm mein Anliegen, ohne um den heißen Brei herumzureden. Er sagte, dass eine Beratung zwar Geld koste, aber er sei bereit, darauf zu verzichten, weil die Rechtslage in diesem Fall klar sei. Er erklärte mir, dass ihm als Anwalt die Hände gebunden seien, weil die Tiere aus juristischer Sicht Sachen seien. Sie würden zwar als Lebewesen anerkannt, aber wie Sachen behandelt.

Mich packte die blanke Wut. Als Sache degradiert zu werden, fehlte mir noch. Ich flog hinaus und schwebte ziellos über den Dächern, als mich plötzlich ein Einfall überraschte. Also machte ich mich auf den Weg nach Treuen.«

»Wo ist denn Treuen?«, kommt mir Larissa mit der Frage zuvor.

»Und was hast du da gesucht?«, ergänze ich.

»Treuen ist eine Gemeinde in Sachsen. Mein Ziel war die Bundesgeschäftsstelle der Partei Mensch Umwelt Tierschutz oder auch bekannt als die Tierschutzpartei. Juristisch gesehen bin ich vielleicht eine Sache, aber uninformiert bin ich nicht. Als ein mündiges Tier weiß ich natürlich alles über die Partei, die meine Rechte vertritt. Der Flug nach Treuen verging wie im Fluge. Ich musste nur an das Bürofenster klopfen und mein jämmerlicher Anblick öffnete mir Tür und Tor. Es war rührend, wie ich empfangen wurde. Beinahe wie ein Mensch und nicht wie eine fucking Sache. Nur wenige Sätze zu meinem Anliegen und es wurde sofort ein Schlosser bestellt. Ich kann euch nicht beschreiben, wie gut es sich anfühlt, keine Kamera mehr zu tragen.«

»Es ist uns eine Freude, deine Stimme wieder zu hören!«, sagt Larissa. »Und was steht bei dir als Nächstes an?«

Horst kratzt sich am Schnabel. »Ich hätte Lust, wieder für Nachwuchs zu sorgen.«

»Aha!«, klinke ich mich in das Gespräch ein. »Hast du eine Partnerin gefunden?«

»Na ja, ich habe ein Weibchen im Wald in der Nähe vom Müggelsee gesichtet. Man könnte sagen, ich hab mich verguckt. Und endlich kann ich wieder Sex haben, ohne dass die Kamera dabei ist. Aber ich muss zuerst rausfinden, ob meine Angebetete überhaupt bereit ist, mit mir eine wilde Paarung einzugehen ...«

»Langsam ist mir das Ganze zu detailreich«, sagt Larissa. »Aber ich drücke dir alle meine Stacheln.«

Horst fliegt davon. Die Sonne steht am Horizont und wird gerade von den Dächern verspeist. Ich hatte wenig Bewegung und entscheide mich für einen Spaziergang. Als Larissa von meinem Vorhaben erfährt, möchte sie mitkommen.

»Ich weiß nicht recht«, wende ich ein. »Unser letzter gemeinsamer Ausflug war ja nicht gerade von Erfolg gekrönt.«

»Das habe ich nicht vergessen, aber ich würde es gerne noch mal probieren. Und wenn es dir nichts ausmacht, würde ich mich freuen, wenn du mich öfter mitnimmst. Ich möchte mich an die Bewegung und die Erschütterungen gewöhnen. Übung macht ja den Meister. Vielleicht schaffe ich es ja irgendwann, in deinem Fahrradkorb mitzufahren oder dich zu begleiten, wenn du für deine Auftritte mit dem Zug in andere Städte fährst. Und eines Tages würde ich in einem Flugzeug sitzen.«

»Flugzeug? Wo willst du denn hin?«

»Meinen größten Lebenstraum erfüllen. Zumindest einmal würde ich gerne nach Brasilien fahren.«

»Brasilien? Warum gerade Brasilien?«

»Ich will zu dem Ort, wo meine Vorfahren beheimatet waren, wo ich ursprünglich herkomme. Ich will die Luft um mich herum haben, die sie hatten. Die Erde sehen, in die meine Ahnen ihre Wurzeln geschlagen haben. Die Sonnenstrahlen spüren, mit denen sie Photosynthese betrieben.«

»Das kann ich sehr gut nachvollziehen«, seufze ich und werde in meine eigene Kindheit zurückkatapultiert:

Der hechelnde Asphalt in der trockenen Mittagshitze.

Der intensive Geruch von Staub.

Der narkotisierende Duft der Jasminblüten.

Kreischende Kinder, die die Straßen zu ihren autonomen Spielplätzen umfunktionieren.

Der kollektive Traum von einem richtigen Fußball.

Die lauen Sommernächte unterm Moskitonetz, das meine Mutter selbst genäht hat.

Der natürliche Lippenstift, wenn wir rote Maulbeeren aßen.

Die hartnäckige braune Verfärbung der Hände, wenn wir frische Walnüsse schälten.

Schulbänke, die nach alten Erziehungsmethoden rochen.

Das leicht säuerlich schmeckende Sandwichbrot des Schulimbisses.

Die Audiokassetten auf dem Tuch des Straßenhändlers.

Die Kriegsparolen an den Wänden.

Picknick am Wasser und das Platzieren der Wassermelone im Fluss, damit sie kalt bleibt.

Am Wochenende in den Bergen wandern und dabei singen.

Singen und tanzen, sobald man zusammenkommt.

Täglich neue Witze austauschen, die man gehört hat.

Abends im staatlichen Fernsehen japanische, deutsche, belgische, chinesische und russische Serien schauen. Hauptsache, keine Produktionen aus den Vereinigten Staaten, dem großen Satan.

Einmal die Woche den Filmdealer nach Hause bestellen, als würde man Drogen erwerben wollen, und die neuesten Hollywood-Streifen auf VHS-Kassetten für eine Woche leihen.

»Hallo! Ich rede mit dir. Bist du noch hier?«, höre ich Larissa.

»Ja!«, lüge ich.

»Was hältst du von meinem Plan, nach Brasilien zu fliegen?«

»Ich habe nichts dagegen einzuwenden. Ich wollte schon immer mal nach Südamerika.«

»Na dann! Lass uns spazieren gehen. Ich muss lernen, mit Erschütterungen umzugehen.«

Ich schnappe mir Larissa und wir machen uns auf den Weg. Nach wenigen Schritten übergibt sich Larissa ausgiebig. Aber sie will, dass wir den Spaziergang fortsetzen. Eine Straßenlaterne flackert nervös. Mittlerweile ist die Sonne hinter dem Bühnenvorhang der Natur verschwunden und die Finsternis bittet die Sterne auf die Bühne.

Alphabetisch geordnete
Danksagung und Grüße

Ahmad, Ali, Amelie, Bahare, Banafshe, Bastian, Bennet, Burkhard, Carola, Daniel, Daniel, Daniel, Djafar, Doro, Ehsan, Elly, Emil, Esther, Evine, Fabian, Farhad, Frederik, Ghazal, Gholam-Reza, Guthrie, Helene, Hossein, Jakob, Jamie, Jan, Jeremiah, Johann, Johannes, Jona, Julia, Kami, Karsten, Kate, Kathi, Kati, Kirsten, Ladan, Laleh, Lennart, Levi, Linda, Lisa, Lukas, Lulu, Mahin, Mahmoud, Marco, Markus, Marlene, Massoud, Mehdi, Micky, Mila, Milena, Mina, Nasser, Noah, Noel, Oskar, Paul, Paul, Parham, Peter, Petra, Philipp, Pouria, Reza, Richard, Rosi, Sarah, Shervin, Shirin, Shirin, Stefan, Stefanie, Steffi, Telly, Tessa, Thierry, Tilman, Timo, Tina, Titus, Torben, Ulli, Victor, Volker, Yassi.

Ich möchte mich im Voraus bei allen bedanken, die mir in der Zukunft begegnen und beistehen werden und noch nicht Teil meines Lebens sind.

Aidin Halimi
Berlin, Februar 2024